T0142523

WestBow Press books may be ordered through booksellers or by contacting:

WestBow Press
A Division of Thomas Nelson & Zondervan
1663 Liberty Drive
Bloomington, IN 47403
www.westbowpress.com
1 (866) 928-1240

ISBN: 978-1-4908-4541-8 (sc)
ISBN: 978-1-4908-4542-5 (hc)
ISBN: 978-1-4908-4620-0 (e)

Library of Congress Control Number: 2014913644

Printed in the United States of America.

WestBow Press rev. date: 08/11/14

Para Joyce

Mi fiel apoyo en la
fundación que hemos creado

CONTENIDO

PROLOGO

La primera vez que Willis me dijo que se disponía a escribir un libro pensé: ¡será fantástico! *A la gente le vendría bien conocer su historia.* ¿Por qué? Pues les diré: he conocido a muchísima gente maravillosa durante toda mi vida, pero nunca nadie como Willis Johnson. Desde su servicio en la Guerra de Vietnam hasta la creación de un negocio multimillonario a partir de un deshuesadero de vehículos, la historia de su vida es un reflejo de la consecución del sueño americano. Si no hubiese sido testigo directo, habría creído que el relato de su vida era un guion escrito para el cine.

Se trata de la biografía de una persona que cree en el trabajo arduo y en que debemos ser justos con la gente. Willis siempre dice cosas como: "Si cuidas a la compañía, la compañía cuidará de ti", "Cuida tus centavos y tus dólares se cuidarán a sí mismos", o "No te olvides de que mucha gente está contando con nosotros". Estos valores lo han llevado a fijarse el objetivo de tener un balance sin deudas, a cotizar su compañía en la bolsa de valores (NASDAQ: "CPRT") y a construir desde cero una excelente compañía.

Recuerdo cuando se enteró de que podía hacer pública su empresa en bolsa para obtener dinero para crecer, y que nunca tendría que devolverlo. Willis dijo entonces: "¿Dónde hay que firmar?". Obviamente, sabía muy bien que el esfuerzo que debería hacer sería mucho mayor que solo limitarse a firmar. Tendría que convencer a la gente de que una persona de 46 años, sin educación formal y acento de Oklahoma no solamente podría llevar a su pequeña empresa a Wall Street, sino que además triunfaría allí.

En mi vida he visto a mucha gente subestimar a Willis o asegurarle que eso no era posible. Decirle a Willis que algo no es viable solamente sirve como aliciente para que él se esfuerce más. Trabajar duro, probar caminos nuevos e innovadores y en última instancia, triunfar, está es su naturaleza. Creo que uno de los rasgos que comparten la mayoría de los empresarios emprendedores es su capacidad de esforzarse más en momentos en que otros dicen que no se puede. Aquellos que abandonan las cosas cuando estas se ponen difíciles nunca alcanzan a ver lo que hubiesen podido lograr, y quienes lo intentan con más perseverancia son los mayores emprendedores de Estados Unidos, como Willis Johnson.

¿Sabe el viejo refrán, no juzgues un libro por su cubierta? Ciertamente lo hice cuando conocí a Willis hace veinticinco años. Me lo presentó su hija —por cierto mi futura esposa. Al ver las cabezas de animales embalsamados en la pared y sus botas de vaquero, me figuré que era un ávido cazador, habituado a hacer algunos disparos de vez en cuando. Tampoco entendía cómo alguien podía ganarse la vida vendiendo vehículos destrozados. Se trataba de algo que me era completamente ajeno y que no tenía sentido para mí. Willis era un empresario exitoso que vivía en el norte de California y todos los grandes empresarios que yo conocía hasta entonces se situaban en el sector inmobiliario, tecnológico u otro, pero de seguro no en el negocio de chatarras. No podía haber errado más en aquella primera impresión. Willis no bebía, ni cazaba, ni practicaba los deportes. Lo que sí hacía eran negocios. Resultó ser lo único en lo que no me equivoqué sobre Willis, ya que supuse que debía de ser un empresario sensacional para haber encontrado un modo de ganar dinero con vehículos siniestrados.

Conocerlo cambió mi vida para siempre y puso en marcha mi informal, aunque valiosísima, educación empresarial. Tuve la oportunidad de crecer a la sombra de Willis cuando era muy joven e impresionable. Felizmente para mí, se mostró generosamente abierto a compartir sus conocimientos y experiencia conmigo, tanto en el trabajo como en sus días de descanso durante los fines de semana. Aproveché todo lo que me dio, e incluso hasta hoy cuento con sus consejos. Siempre lo vi como una persona llena de vida. No era alguien que solía volver a casa a las siete de la tarde, con los hombros caídos como si simplemente hubiera trabajado otro día más en las minas de sal. El trabajo, en lugar de vaciarlo, lo colmaba. Y yo quería ser como él.

Incluso los grandes empresarios cometen errores, pero solamente una vez, porque siempre aprenden de ellos. Willis nunca tuvo miedo de tomar riesgos, pero cuando no conseguía resultados sabía que era momento de corregir el rumbo. Aprender de errores pasados fue una de las mejores lecciones que recibí de Willis.

Este libro es una colección de relatos cuyos denominadores comunes son el desafío de probar nuevas cosas, la importancia de creer en lo que uno hace, y la necesidad de tener una visión de hacia dónde marcha la propia industria y hacia dónde puede ser llevada. Willis solía decir que si uno se hace lo bastante grande, puede hacer que toda una industria se comporte de un determinado modo. Apple posiblemente siente lo mismo hoy, con la innovación de su iPhone. Y aunque los grandes innovadores odian que los copien (como Samsung), pensándolo bien es el mayor halago que podemos recibir, porque es un mensaje a todo el mundo que dice que lo que estamos haciendo está bien.

Willis sabía que con perseverancia y esfuerzo podía conseguir cualquier cosa, y a veces incluso mucho más de lo que esperaba. Desde su boda con Joyce hasta crear la mayor compañía mundial de subastas por Internet, una constante de su vida fue superar las expectativas.

A medida que vaya avanzando por estas páginas irá descubriendo que Willis Johnson es una persona genuina; ni más ni menos. Escribió este libro con toda la intención de abrirse para que podamos ver su carácter, su pasión, su alma. Aunque hoy en día esto suene como un cliché, se trata de una persona de un sentido común muy poco común. Su amor por su familia y amistades solamente se ve superado por su amor y fe en Dios.

Sé que disfrutará de las próximas páginas, pero lo más importante es que espero que le inspiren para asumir sus propios riesgos y descubrir que es capaz de hacer mucho más de lo que nunca hubiese creído posible realizar. A Willis le encanta conocer las historias de personas que hacen realidad sus propios sueños empresariales, y sé que escribió este libro con la esperanza de que usted sepa que, con Dios a su lado, no hay nada que no pueda lograr.

—Jay Adair, verano de 2013

INTRODUCCIÓN

Haga su propio camino

La gente se me acerca después de las conferencias y me pregunta dónde puede encontrar más información sobre mi vida y mis ideas acerca de la filosofía empresarial. Quieren saber cómo convertí un deshuesadero de autos en una compañía mundial de subastas de automóviles que vale miles de millones de dólares. Es posible que estén buscando una receta milagrosa, y yo desearía poder ofrecerles una. No creo que exista una fórmula mágica, y mi historia no tiene nada de mágica.

Cuando las personas me cuentan que durante toda su vida se han dedicado a un negocio, en general, lo que quieren expresar es que han trabajado en eso durante un tiempo prolongado. Cuando *yo* lo digo, lo que estoy indicando es *toda* mi vida. Es algo que aprendí de mi padre, quien me enseñó que todos deben abrirse su propio camino en la vida.

Mi padre fue el hombre más inteligente que haya conocido en el mundo de los negocios, y yo aprendí de él todo lo que pude. No solo compartíamos el mismo nombre, sino también la creencia de que nada era imposible si trabajábamos arduamente y con determinación.

Y realmente era un trabajo arduo. En mi infancia, mi padre solía trabajar quince horas por día, los siete días de la semana. Ese fue siempre su modo de hacer las cosas. Cuando él era niño, solía llenar un pequeño carro con hielo y botellas de Coca-Cola. Lo llevaba a las obras en construcción y vendía las bebidas a los trabajadores. Aprendió el valor del trabajo duro, y eso le aportó experiencia para emprender negocios que pudieran contribuir al sostenimiento de la familia.

Dado que mi padre nunca trabajó para otras personas, a mí nunca se me ocurrió que yo debería hacerlo. Además, uno nunca se queja de su jefe cuando uno es su propio jefe.

Cuando miro hacia atrás, pienso que mi éxito se debe en parte, a las lecciones que mi padre me enseñó y en parte, a que Dios me ha guiado a lo largo del camino. También creo que, en gran medida, mi logro está relacionado con el hecho de que nunca se me ocurrió que lo que hacía podía fracasar. Nunca pensé que no podría conseguirlo. Algunas personas pueden llamarlo confianza en uno mismo; otras incluso podrían creer que ese optimismo ciego proviene de la ignorancia. Yo, simplemente, nunca permití que la posibilidad de un fracaso cruzara por mi mente. Y creo que cuando uno hace algo con todo el corazón, se logran cosas asombrosas, porque ningún temor lo hace vacilar.

Quizás para mí haya sido más fácil porque tengo una profunda fe. Cuando Dios está a nuestro lado, es más fácil dejar ir el miedo. Siempre he creído en Él, tanto en mi vida como en mis negocios —y Él nunca me ha defraudado. Él es el socio más poderoso que podamos tener de nuestro lado.

Este libro es una recopilación de algunas de las lecciones que he asimilado en el transcurso de los años —de mi padre, de Dios y de muchas otras personas realmente inteligentes que he encontrado en el camino. Otras enseñanzas tuve que aprenderlas por mí mismo. En el libro hay algo de mi historia personal, algo de la historia de mi empresa y muchas narraciones. Desearía poder decir que es la fórmula mágica para el éxito y que, si usted la aplica, también puede hacer que la chatarra se convierta en oro. Pero cada uno tiene que encontrar su propio camino, tal como lo dijo mi padre.

Por lo pronto, pensé que ya era tiempo de escribir algo de todo esto para mi familia, para todos los empleados que me han ayudado a alcanzar el éxito a lo largo de los años y para todas las mujeres y todos los hombres de negocios con los que me encuentro y que tienen sus propias ideas en cuanto a lo que van a hacer para cambiar el mundo. Espero que algunas de las lecciones puedan serle útiles y que le sirvan de inspiración para tener la suficiente fe como para que se comprometa incondicionalmente con sus sueños.

—Willis Johnson Jr.
Franklin, Tennessee

CAPÍTULO 1

Las lecciones que mi padre me enseñó

Cuida tus centavos y tus dólares se cuidarán a sí mismos.

—Willis Johnson Sr.

Obtenga un doctorado en sentido común

El tiempo que pasé con mi padre cuando era niño fue mucho más educativo para mí de lo que fue asistir a la escuela.

Cuando yo tenía unos 12 años, ayudaba después de la escuela en el negocio de construcción que mi prade llevaba. Mientras yo barría y limpiaba, prestaba atención en la manera en que él dirigía a su equipo de trabajadores. El medía, cortaba y martillaba. Parecía que siempre hacía todo bien. Yo pensaba que no había nada que mi padre no pudiera lograr.

Todas las noches, mi padre se sentaba en la mesa de la cocina y le daba el periódico de ese día a mi madre. Ella abría el periódico en la sección de anuncios clasificados y leía la sección "Se vende" en voz alta. Él se concentraba especialmente en las secciones de "Se vende" o "Misceláneos". Cuando mi madre leía algo que le interesaba, él decía: "Bien, así es como puedo hacer algo de dinero" y le pedía a mi madre que se lo leyera de nuevo. Entonces, hacía algunas llamadas telefónicas y cerraba un trato.

Mientras mis padres celebraban este ritual todas las noches, nosotros los niños, con frecuencia permanecíamos en la sala, mirando televisión y batiendo mantequilla. Nos turnábamos para batir una jarra que contenía un galón de crema hasta que el líquido había casi desaparecido y quedaba mantequilla. A nuestro pequeño modo, estábamos produciendo oro —convertíamos crema en mantequilla. Mientras tanto, mi padre y mi madre estaban buscando la manera de convertir un anuncio clasificado en una oportunidad de oro.

Siempre me fascinó la manera en que mi padre jamás perdía una oportunidad de hacer dinero. Él siempre se enfocaba en el siguiente negocio. Ni siquiera se le ocurría que pudiera no llegar otra negociación o que no sería capaz de hacer dinero en ella, incluso si eso significaba que tenía que aprender algo nuevo. Supongo que de ahí fue de donde yo lo aprendí.

Tampoco nunca se le ocurrió que debía aprender a leer. No había tiempo para eso, porque él tenía una familia que mantener. Así era para él, que había crecido en Oklahoma, en una familia pobre, con doce hermanos y hermanas. Desde muy temprana edad, se esperaba que ayudara a mantener a su familia. Tuvo que abandonar la escuela después del quinto grado para ayudar a llevar la comida a la mesa. La educación era un lujo que, simplemente, no se podía dar.

Si mi padre hubiera sido capaz de leer, no sé hasta donde habría llegado, porque tenía mucho sentido común, algo que realmente admiro. De hecho, yo tampoco me gradué en una universidad de gran prestigio, pero me fue bien. A veces creo que lo que le enseñan a uno en la escuela no es tan importante como lo que uno aprende en la vida real.

Pero cuando mi padre avanzó en edad, el hecho de no poder leer sí le impidió conseguir un trabajo decente. Él sabía que si nadie lo contrataba, iba a tener que seguir buscando la manera de trabajar por su cuenta.

Durante la crisis del suministro de caucho en la Segunda Guerra Mundial, iba de una granja a otra, comprando llantas viejas por cinco centavos cada una y llevándolas a las compañías de goma, donde se las reciclaban para obtener una ganancia. Se hizo muy bueno para encontrar negocios que pudieran satisfacer una necesidad.

Pero aún con todo lo que trabajaba, mi padre no se enfocaba solo en sus negocios. Todo lo que hacía era para la familia.

Mi madre me contó que, la noche que yo nací, en Clinton, Oklahoma, ella y mi padre habían estado bailando en la sala mientras mi hermano mayor y mis tres hermanas mayores corrían por la casa. El día que llegué a casa del hospital, mi padre hizo que la ambulancia tocara canciones de cuna durante todo el camino.

A pesar de que era una buena vida, no era una vida fácil. El no poder leer solo hizo las cosas más complicadas para mi papá. Cuando uno de sus negocios crecía tanto que él ya no podía llevar un registro de los números en su cabeza, tenía que subastar el negocio y comenzar algo nuevo. Esto significaba que debíamos mudarnos muy seguido, de manera que mi padre pasaba de verter cemento a limpiar nieve, construir con ladrillos o instalar tuberías subterráneas. Los cambios se convirtieron en algo normal para nosotros, en una manera de vivir. Antes de que yo cumpliera 5 años, ya habíamos ido de Oklahoma al sur de California y después hasta Yakima, Washington. Tuvimos que aprender a adaptarnos y yo creo que eso nos hizo más fuertes.

Reciba la aventura con los brazos abiertos y aprenda de las segundas oportunidades

Cuando tenía cinco años de edad, la familia se trasladó al norte de California, cerca de Sacramento, el lugar donde más tiempo vivimos. Creo que aquí fue donde desarrollé mi espíritu aventurero, el que también llevaría conmigo en los negocios.

Para mí, era como vivir la historia de *Tom Sawyer*; caminaba por los lechos de los ríos; en Rio Linda y por la zona montañosa del norte, con mis amigos David Flower y Danny Boyd; partíamos temprano en la mañana con arcos y flechas hechos a mano, resorteras y sándwiches de crema de cacahuate y jalea que nuestras madres habían preparado. Caminábamos millas y millas o nos dejábamos llevar por la corriente del arroyo en balsas improvisadas, disparando a ranas y a peces, y escarbando en busca de cangrejos de río mientras contábamos historias, algunas de las cuales hasta eran ciertas. Planeábamos nuestra próxima gran aventura mientras cocinábamos lo que habíamos cazado ese día y disfrutábamos de un banquete a las orillas del arroyo.

En aquel entonces, el padre de David había construido un refugio de concreto —un símbolo de aquellos tiempos en los que los Estados Unidos y la Unión Soviética estaban en plena guerra fría. Era un lugar perfecto para pasar la noche entera. No solo había comida almacenada, sino que estaba tan oscuro que uno nunca sabía qué hora era. Nos quedábamos despiertos toda la noche en el refugio, jugando juegos de mesa y contando chistes, algunos de los cuales hasta eran graciosos.

David y Danny eran muy diferentes, pero se parecían a mí de cierta manera. Danny era una persona radical e intentaba cualquier cosa, incluso cuando podía meterse en problemas. A mí también me gustaba probar cosas nuevas, pero no era muy partidario de meterme en problemas. En ese aspecto me parecía más a David. David era más como un discípulo. Siempre hacía lo que uno quería hacer y no le gustaba molestar a nadie. Y yo estaba, en cierto modo, en el medio: evitaba que Danny lanzara piedras a las luces de la calle, pero también estaba dispuesto a intentar cualquier cosa mientras no le hiciera daño a nadie.

Sin embargo, una vez sí nos metimos en algo de lo que fue difícil salir. Literalmente. Creo que teníamos alrededor de once años de edad y estábamos flotando en unas cámaras de llantas, en el Lago Folsom. Perdí mi flotador muy lejos de la orilla y no sabía nadar. David intentó salvarme de morir ahogado, pero debido a que yo entré en pánico y él no estaba acostumbrado a tener que cargar con su peso y el mío, él también empezó a hundirse. Entonces Danny se acercó a ayudar, pero también perdió su flotador, lo que hizo que apenas pudiéramos mantener la cabeza afuera, en aguas muy profundas y muy lejos de la orilla. Sabíamos que estábamos en un serio problema. Por suerte, una lancha llena de chicas de entre 18 y 20 años pasó por ahí y nos rescató a todos. Creíamos que eran nuestras heroínas, pero nos veían como niños pequeños y nos decían "lindos". Aun así, hay cosas peores que ser rescatados por una lancha llena de chicas bonitas.

Sin embargo, después de eso aprendí a nadar. Pienso que si tienes una segunda oportunidad, debes aprender de ella.

No sienta lástima por usted mismo

Cuando la industria de la construcción cayó en California a principios de los años 60, mi padre tuvo que buscar una nueva manera de ganar dinero. Era hora de otro cambio, y todos empacamos nuestras cosas y nos mudamos a Arkansas, donde había nacido mi padre. Nos alojamos en un motel barato mientras mi padre preparaba su más reciente trato —la compra de un rancho ganadero de 150 acres.

La mudanza a Arkansas fue difícil. Por mi parte, tuve que despedirme de Danny y de David. Pero también tuve dificultad para que me aceptaran. Yo tenía quince años y me gustaba usar zapatos negros puntiagudos y me peinaba al estilo *pompadour*. Era muy del estilo de James Dean. Y esa era la forma en que a la mayoría de los chicos de mi edad en California les gustaba vestirse.

Arkansas era un mundo completamente diferente. Yo llamaba mucho la atención. Y en Arkansas, también tenían bebederos separados para las personas de raza negra y los de raza blanca. Yo no entendía eso. En California, a nadie le importaba quién bebía en qué bebedero. ¿Acaso no somos todos iguales?

Para mis hermanas también fue una época difícil. Los niños se burlaban de ellas porque se arreglaban el cabello como las estrellas de cine. Afortunadamente, nos teníamos los unos a los otros. Nos habíamos mudado tantas veces que aprendimos que lo único en que podías confiar que no cambiaría nunca, era la familia.

Además, no había tiempo para sentir lástima por nosotros mismos. Todos, de cierta manera, estábamos ensimismados en el trabajo duro, del cual había mucho en la granja. A mi hermana mayor, Regale, y a mí nos encargaron colocar cercas alrededor de todo el rancho y era un rancho muy grande. Mi papá nos mostró cómo empezar. Regale y yo cargamos tablones, cavamos hoyos y martillamos clavos durante varios meses. Cuando eso estuvo listo, tuvimos que empezar de nuevo, cubriendo cada centímetro de la cerca que habíamos construido con pintura de cal. Cuando terminamos, había muy poco que yo no supiera acerca de cómo colocar una cerca.

Willis Johnson

Sepa en qué gasta su dinero

Aunque sí me harté de construir cercas, nunca me cansé de ir a las subastas con mi padre.

Usted podrá pensar que ir a una subasta no era exactamente darse una gran vida. Pero ir a ese viejo granero donde se hacían las subastas significaba que perdería algunas horas de trabajo arduo. Además, los *hot-dogs* eran deliciosos.

Yo disfrutaba un *hot-dog* y miraba el ganado mientras mi padre hacía ofertas por el equipo que necesitaba. Sin embargo, de vez en cuando ocurría algo especial. De vez en cuando, mi padre hacía ofertas por cajas misteriosas.

El granero tenía esas cajas grandes para guardar cosas por las que uno podía realizar ofertas, pero no sabía lo que contenían. Usted hacía su oferta y alguien se llevaba esa caja a casa sin tener la menor idea de lo que había adentro. A veces era chatarra. A veces era oro. Les digo, si llegan a casa con una caja llena de zapatos izquierdos, siempre lo recordarán. Así es —una caja entera llena de zapatos izquierdos no se puede considerar el mejor negocio que mi padre haya hecho.

En otra ocasión fuimos a Yuba City para una subasta de los artículos que había en un almacén de la tienda Grant's, que iba a cerrar sus puertas. Mi papá no había comprado casi nada —solo unos cuantos estantes y otras cosas que él pensaba que podría revender por más dinero. También compró una plataforma con cajas pequeñas y me dijo que las cargara en un camión. Eché un vistazo a las etiquetas de las cajas y me rasqué la cabeza. Pero, como ya he dicho, mi padre era un astuto hombre de negocios; pensé que él sabía lo que estaba haciendo. Así que subí todo al camión, y nos dirigimos a casa.

Cuando llegamos y nos bajamos del camión, mi padre sonreía de oreja a oreja. Orgullosamente le dijo a mi madre: "Compré algo que les podemos dar a las chicas esta Navidad. Les va a encantar. ¡Maquillaje compacto!".

Pues bien, mi madre estaba entusiasmada.

Yo estaba confundido. Había cargado el camión después de la venta, y no había visto ningún compacto.

Le dije que no me acordaba de haber puesto eso en el camión. Tal vez habíamos pasado algo por alto.

"No, no. Mira, ahí. La plataforma completa de pequeñas cajas. Compactos". Estaba orgulloso de señalar que "ahora las chicas podrán usar maquillaje cada vez que quieran".

Miré de nuevo la plataforma. Resulta que si uno no puede leer muy bien, cada caja resulta ser una caja misteriosa y C-O-M-P-A-C-T puede estar escrito como T-A-M-P-A-X.

Nos reímos de eso durante varios años.

Por suerte, mi padre no había gastado mucho dinero en eso y, por supuesto, mis hermanas aún encontraron un uso para los artículos. Pero me enseñó una lección muy valiosa: debes saber en qué estás gastando tu dinero.

Sea incansable como las vacas

Dejando a un lado los Tampax y los zapatos izquierdos, la mayoría de los negocios que mi padre realizaba eran buenos. Un día, compró 30 vacas Holstein y máquinas para ordeñar en la subasta.

A los quince años, yo no tenía una idea cabal de lo que eso implicaba. Había que ordeñar las vacas cada doce horas; producían entre cuatro y ocho galones cada vez. Si no las ordeñábamos, el líquido salía de la ubre y empezaban a producir menos. Eso significaba que, aunque hubiéramos ordeñado las vacas a las cinco de la mañana, antes de que pudiéramos llevarlas de regreso al rancho; que se encontraba a cincuenta millas de distancia, había que ordeñarlas nuevamente a las cinco de esa tarde.

También significaba que después de llevar a las vacas de regreso al rancho, teníamos que permanecer despiertos toda la noche, preparando las máquinas ordeñadoras, para poder volver a ordeñar al otro día, a las cinco de la mañana. Todavía no sabía en lo que mi padre nos había metido hasta que volví de la escuela aquella tarde, y me dijeron que fuera a ordeñar las vacas otra vez. Las vacas eran incansables. Supe entonces que nunca habría tiempo para otra cosa, como deportes o actividades extraescolares. Esto era lo que tenía que hacer.

ver colores en el viento al soplar. Curtis intentó esto varias veces antes de darse cuenta de la broma, mientras que David y yo no podíamos parar de reír.

Al igual que a mi padre, también me gustaba ver feliz a mi madre y comprarle cosas. Yo solía preguntar si podía usar cupones para comprarle una bandeja, o gastaba parte del dinero extra, que ahorraba de mi trabajo, para comprarle un adorno de cerámica que pensaba que le gustaría.

Mi madre me dice que soy competitivo como mi padre. Siempre me gustaron los naipes y los juegos de mesa como Monopoly o Risk, porque podía obtener mucho dinero o conquistar el mundo. Mi madre decía que solo me gustaba jugar a los juegos que podía ganar. Probablemente, esa era la razón por la que nunca quería jugar al dominó con ella. En verdad, ella siempre me ganaba. ¿Dónde está la diversión en eso? Siempre era mucho más divertido cuando yo le ganaba.

La gente dice que me parezco a mi padre. Y aunque yo sí terminé la escuela secundaria, nunca fui muy bueno para leer o escribir. Pero era bueno en matemáticas, igual que mi padre, quien tenía una habilidad natural para los números. Podía deducir la longitud del tercer lado de un triángulo en base a los otros dos, pero no sabía lo que significaba una hipotenusa. Él sabía qué número debía estar en una fórmula, pero no sabía que estaba haciendo álgebra. Simplemente sabía, de manera instintiva, cómo aplicar los números en situaciones prácticas, especialmente cuando se trataba de negocios.

También heredé algo del temperamento de mi padre, junto con su sentido de justicia. Pero creo que crecer fue más difícil para él que para mí, y eso lo hizo más duro. Si nos decía que cerráramos la puerta y nos demorábamos en hacerlo, nos daba unas nalgadas. Estaba demasiado ocupado tratando de mantener a su familia como para tener paciencia con los niños que no obedecían. Por fortuna, nosotros lo sabíamos y no lo desobedecíamos muy seguido. Su palabra era la ley.

Mi padre nunca tuvo miedo de decirle a la gente si algo le molestaba, incluso si eso significaba herir los sentimientos de alguien. Si él pensaba que habías hecho algo mal, se enojaba y te gritaba y te hacía sentir un tonto. Pero nunca guardaba rencor y cuando había terminado de desahogar su enojo, por lo general nunca volvía a mencionar el asunto. Por lo tanto, todos fuimos criados para perdonar y olvidar. Aunque tengo algo del mal genio de mi padre, soy mejor para manifestarlo de una forma menos pública —por lo común a puertas cerradas. Pero, al igual que mi padre, una vez que lo saco, ahí termina. Nunca vuelvo a tocar el tema.

Cuide el negocio y el negocio lo cuidará a usted

Tanto mi padre como yo nos ganamos la reputación, en el mundo de los negocios, de cumplir siempre con nuestra palabra y nunca hacer negocios si un trato no nos parecía bien. Ambos nos mantuvimos lejos de oportunidades que podrían haber ayudado a nuestros negocios, pero que habrían cruzado una línea moral o ética. Para nosotros, el mundo de los negocios era algo claro y concreto y un trato del que usted no está absolutamente seguro, no es realmente un trato. Nunca deja de sorprenderme, sin embargo, cuando otros cruzan esa línea sin ni siquiera parpadear. Yo fui criado para creer que hacer trampa es lo mismo, sea que uno tome diez centavos o 10,000 dólares. Y si fuiste capaz de hacerlo una vez, era muy probable que volvieras a hacerlo.

Mi hermana Bonnie decía que esa ética fue lo que me convirtió en un líder. Decía que, incluso cuando era joven, yo levantaba la voz cuando pensaba que algo no era justo y luchaba por lo que sentía que era lo correcto —al igual que mi padre. A mi padre no le gustaba cuando alguien intentaba engañarlo, a él o a otra persona.

Mi padre también tenía una expresión: "Cuida tus centavos y tus dólares se cuidarán a sí mismos". Es una frase que también he compartido con otras personas para que pudieran aprender la misma lección que yo aprendí de él —que pequeñas cantidades de dinero pueden acumularse hasta convertirse en grandes ganancias o pérdidas. Uno no puede ignorar los pequeños gastos o las pequeñas cantidades de dinero, que a veces no tiene en cuenta, si espera tener éxito al final del día.

Otra frase que mi padre solía decir todo el tiempo era "Si cuidas de tu negocio, el negocio te cuidará a ti".

Un día mi padre y yo estábamos en el pueblo para recoger algo. Pasamos por una zapatería nueva que recién había abierto. Un hombre estacionó un Cadillac nuevo frente al negocio. Era un muy buen auto. El conductor bajó del auto, se acercó a la zapatería, sacó una llave y abrió la tienda. Supuse que debía ser el propietario.

Mi padre me miró y después volvió a mirar hacia la tienda.

"¿Crees que el dueño de esa tienda gana suficiente dinero como para comprar un Cadillac?", me preguntó.

Bueno, a mí criterio, cada hombre compra el auto que es apropiado para él. Es decir, seguramente no teníamos nada que se le pareciera, pero me imaginaba que al dueño del negocio le había estado yendo bastante bien.

Mi padre me miró y dijo: "El debería estar conduciendo un auto que vale un tercio de lo que vale ese y debería estar invirtiendo todo ese dinero en la tienda".

Mi padre no decía que el negocio estaba antes que la familia. Pero sí, antes de que casi todo lo demás. Y decía que si cuidas el negocio, él te dará buenas oportunidades para mantener a tu familia y llevar comida a la mesa. Es difícil poner en marcha un negocio nuevo, pero una vez que empieza a crecer, quieres nutrirlo.

Es casi como criar a un niño, si se piensa así. Cuando un bebé nace, el pequeño no puede hacer mucho por sí mismo. Depende de usted para que lo cuide. Pero usted lo cuida, lo alimenta y lo mantiene a salvo. Y en unos pocos años, él se las está arreglando solito y haciendo su propio camino en el mundo. Y en el futuro, ese pequeño habrá crecido por completo y lo cuidará a usted.

Un negocio tiene un poco de ese sentimiento de familia. Usted le dedica mucho tiempo, así que debe tratarlo bien. Y si lo trata bien, entonces el negocio crecerá, progresará y, finalmente, cuidará de usted. ¿Pero y si lo descuida? Bueno, si lo descuida, fracasará.

¿Aquella tienda de zapatos? Permaneció abierta por un tiempo, pero, de repente, un día simplemente cerró. Desapareció. No creo que el dueño jamás lo haya sabido, pero mi papá vio ese Cadillac y podría haberle dicho lo que iba a pasar.

Una nueva pieza para el equipo de la granja siempre era más importante que unos muebles nuevos u otros gastos extras. Si para Navidad me regalaban una navaja, me sentía feliz. No esperaba nada más. Y eso estaba bien, porque siempre teníamos comida en la mesa y un techo sobre nuestras cabezas. Incluso cuando comencé a tener mucho éxito y gané mucho dinero, nunca fue a costa de mi compañía. La empresa estaba primero y a medida que alcanzaba el éxito, se ocupó de todo lo demás.

No olvide de dónde viene

Una de mis frases favoritas es, "estar en la prosperidad". Significa que todo va bien y las ganancias también lo son.

Pero me he dado cuenta de que uno aprecia mucho más el éxito cuando ha pasado por tiempos en los que no tenía nada. Son esos momentos los que hacen que uno siga siendo humilde.

La vida en ese rancho ganadero en Arkansas fue difícil, aunque mi padre nos alimentaba y vestía. A duras penas subsistíamos — solo teníamos lo justo para vivir.

Mis hermanas compartían una habitación en el granero, mientras que Curtis y yo dormíamos en el patio cubierto delantero. Nos adaptábamos añadiendo mantas en el invierno y quitándonos la camisa en el verano.

Los niños solo recibíamos ropa nueva una vez al año —antes de comenzar la escuela. Las chicas recibían dos vestidos y un par de zapatos; los chicos, dos pares de pantalones, dos camisas y un par de zapatos. Tenía que ser suficiente.

También teníamos un conjunto de ropa para la iglesia, con el que mi madre nos vestía cada domingo. A veces toda la familia iba junta. Otras veces, cuando había mucho trabajo como para que mis padres fueran, mis hermanos, mis hermanas y yo íbamos solos a la iglesia, caminando, con nuestros trajes color café y los vestidos esponjados. Mi madre insistía en ello.

Mi madre también creció en una granja, con una familia grande, y aprendió el valor del trabajo duro recolectando algodón. Pero su infancia había sido más fácil que la de mi padre, ya que su familia había estado en mejor posición económica. Ella no sólo había podido asistir a la escuela y terminarla, sino que también había participado activamente en la iglesia.

Mi padre, al contrario, tenía la reputación de ser un tipo intratable, mal hablado y mal humorado que trabajaba en la construcción. De niño nunca había asistido a la iglesia, pero empezó a ir para complacer a mi madre. Con el tiempo, los sermones que escuchaba moldearon su sentido de la justicia y del bien y el mal, y también él creyó en Dios.

Necesitábamos nuestra fe en Dios y en nosotros para sobrevivir. Cuando cumplí mis 16 años, el clima no había sido bueno en Arkansas, y no había suficiente heno para el ganado. Entonces, mi papá, que nunca se rendía, trató de hacer más negocios en un esfuerzo por complementar los ingresos familiares. Incluso compró una excavadora para poder hacer estanques de riego para otros agricultores.

Aunque eso ayudó por un tiempo, estaba claro que tendríamos que hacer un cambio drástico para poder seguir poniendo comida sobre la mesa. Mi padre decidió volver a California y realizó una gran subasta para vender la granja y todos los bienes. Hasta vendió nuestro perro pastor y nuestros gatos —lo que hizo llorar a mis hermanas. Sin embargo, era lo que se tenía que hacer. Mi padre todavía no sabía lo que nos esperaba en California, y un perro de granja necesitaba quedarse en una granja.

Aunque mi padre era un experto en iniciar negocios, no era tan bueno para deshacerse de ellos. No se daba cuenta de que podía vender sus negocios por mucho más dinero, y no era lo suficientemente educado como para calcular su verdadero valor. Cuando terminaba con un negocio, simplemente subastaba los bienes. Pero conseguir que un negocio se vuelva rentable es la parte más difícil, y ser capaz de vender una empresa con una trayectoria y una marca rentables valía más que simplemente, el valor de los activos. Aunque muchos negocios nunca logran generar ganancias, como esa tienda de zapatos, los negocios de mi padre siempre lo lograron. Pero nunca incluyó eso en el precio de venta o trató de vender el negocio a un particular como un todo, en lugar de ir subastando en partes e iniciar un negocio nuevo con las ganancias.

Mi madre siempre brindó su apoyo a mi padre, a sus negocios y al cambio que ello implicaba. Cuando mi padre anunciaba que tendríamos que vender nuestra casa y nuestros muebles porque necesitaba dinero para su siguiente negocio, ella no se quejaba. Nunca supo lo que era quedarse en una misma casa durante varios años seguidos; sin embargo, no parecía molestarle. Confiaba en él y en que haría lo mejor para la familia. Y él confiaba en ella.

Yo escuché a mi padre hablando con mi madre muchas veces acerca de sus negocios y sus planes. Ella era la persona que él tenía para hablar, y ella lo escuchaba cuando él lo necesitaba. Mi madre también le decía lo que ella intuía que estaba mal y que estaba bien —como si hubiera sido otra parte de su conciencia. Recuerdo haber pensado, incluso en aquel entonces, que cuando me casara algún día quería encontrar a alguien así —alguien que me apoyara y me ayudara a hacer lo correcto. Y afortunadamente, así fue.

Todo tiene valor

De regreso en California, nos mudamos a una pequeña zona residencial en Elverta, donde nuevamente mi padre comenzó a traer los periódicos a casa, en busca de su próxima oportunidad.

No pasó mucho tiempo hasta que una subasta en Fallon, Nevada, despertó su interés. Nos dijo a mí y a mi amigo Rocky que subiéramos a la camioneta y fuéramos juntos a Nevada, donde había dinero por ganar.

Una empresa de construcción había terminado en quiebra y estaba subastando todo, incluyendo un montón de chatarra del tamaño de una casa de tres dormitorios, que mi padre compró. Yo estaba confundido. ¿Qué podríamos hacer con ese montón de chatarra que no parecía nada? Mi padre también había comprado sopletes y una retroexcavadora, y nos dijo a Rocky y a mí que nos pusiéramos a trabajar contratando gente para ayudarnos a cortar todo el hierro en piezas de tres pies. Entretanto, él iba a regresar a California para conseguir algunos camiones para transportar todo de regreso. Nos alquiló una habitación cerca de ahí, y recuerdo haberle dicho que me preocupaba que no tuviéramos suficiente para comer, ya que no teníamos dinero. Cuando Rocky y yo volvimos al hotel, esa noche después de trabajar todo el día, mi padre ya se había ido a California. Pero nos había dejado leche y pan en la habitación —además de aproximadamente cuarenta latas de sopa de guisantes. Como mi padre no sabía leer, no se dio cuenta de que las latas que había comprado eran todas iguales. Pero, aunque no eran variadas, nos mantuvieron llenos.

Dos días y cuatro latas de sopa más tarde, llamé a mi padre para decirle que habíamos encontrado muchos puentes traseros, defensas y transmisiones de camiones entre toda la chatarra, y le pregunté qué quería hacer con todo eso. Nos dijo que lo separáramos, y unos días más tarde vino a recogernos y llevarnos a casa —a Rocky, a mí, la chatarra, y a las piezas de autos.

Recuerdo que el municipio no estaba contento con la idea de que mi padre colocara toda esta "chatarra" en una propiedad residencial, sin mencionar el equipo enorme que utilizó para el transporte. Las reglas eran más permisivas en aquel entonces, pero no tanto. Otra vez, mi padre acudió al periódico para resolver ese problema y encontró una pequeña granja en Rio Linda para alquilar como lugar de almacenamiento. Eso ayudó a que el negocio creciera aún más. El hierro de la chatarra costaba diecisiete dólares la tonelada, y en aquel entonces, mi padre podía comprar autos en la calle por cinco dólares cada uno. Si el vehículo no tenía un radiador, pagaba solo tres dólares por el auto. Con la ayuda de mi madre, publicó un anuncio en el *PennySaver* y empezó a recoger todos los días autos abandonados que no andaban.

En muy poco tiempo la granja se llenó tanto que el condado le dijo a mi padre que tendría que conseguir permisos para poder seguir haciendo negocios en ese lugar. Luego me mandó al pueblo para que lo hiciera. En aquel entonces, el permiso costaba solo cincuenta dólares, y el único requisito era que construyéramos una cerca de dos metros alrededor de la propiedad, lo cual hicimos de inmediato, puesto que yo ya era casi un experto en cercas. No sería tan fácil hoy en día, se los aseguro.

Ahora estábamos oficialmente en el negocio de desarmar autos. Mi padre traía los autos en el camión temprano por la mañana. Yo tenía poco menos de dieciocho años, y mi trabajo consistía en voltear los autos de lado con un camión grúa y cortar los motores con sopletes como mi padre me había enseñado. Luego tomaba una navaja y cortaba el algodón de los asientos de los autos —un relleno común de tapicería en los vehículos fabricados en los años 50 y 60. Quemaba el algodón en una hoguera y quitaba todos los cables del auto y los colocaba dentro de barriles, donde quemaba el plástico que cubría los alambres para dejar a la vista el cobre, que entonces podía venderse al fundidor.

Muchas de las partes de los vehículos estaban hechas de aleaciones metálicas, un tipo más barato de metal que se usaba alrededor de las luces traseras y en las parrillas. Uno también podía obtener dinero por las aleaciones metálicas, así que usaba un mazo para separarlo del resto del auto. También quitaba todos los arrancadores y alternadores de los automóviles para su reconstrucción. Cada parte que tenía valor se separaba del resto.

Este fue mi inicio en el mundo del desmontaje y reciclaje de automóviles y me encantó. Disfrutaba el proceso de destrucción —romper, cortar y desarmar cosas. No me gustaba armar autos porque requería demasiada precisión. Pero desmantelarlos era muy fácil. También me gustaba la idea de que los autos fueran reutilizados de diferentes maneras. Era el reciclado en su forma más primitiva.

Llega un momento en que tiene que hacer las cosas por sí mismo

Mi padre siempre había sido un apasionado por los autos y era un fanático de Las 500 millas de Indianápolis. Pero no fue hasta en el deshuesadero que yo realmente heredé su amor por los *hot rods*. Fue allí que aprendí acerca de las diferentes marcas y modelos, y comencé a elegir a mis favoritos —incluyendo el corto y musculoso Chevy 1955. Los autos no eran sólo autos para mí. También representaban la libertad. Me ayudaban a ganar dinero, pero también me permitían salir de casa, perseguir chicas, ir de paseo con mis amigos y asistir a autocines, como el Jolly Kone y el A&W. Con un auto, parecía que podía hacer cualquier cosa.

El primer auto que compré, yo mismo, fue un Ford de 1954. Pagué cincuenta dólares. Gasté otros diez dólares en unas cinco latas de pintura base de color gris. Llevaba ese auto al Lago Folsom, donde con frecuencia no solo se me pasaba la hora en la que debía regresar a casa, sino que muchas veces la ignoraba por completo. Sentía que ya que tenía edad suficiente para conducir: debía hacer lo que yo quería. En realidad nunca tuve ningún problema, pero estaba cansado de estar bajo el dominio de mi padre y quería hacer lo mío. Supongo que era tan solo un típico adolescente que quería más libertad, y que pensaba que era más inteligente que mis padres.

Pero no era solamente yo. Mi padre también había cambiado. Había empezado a beber más. Solía tomar su whisky Jim Beam de a sorbos. Cuando bebía, se enojaba, y tuvimos unas discusiones muy fuertes. En retrospectiva, creo que parte del problema era que mi padre simplemente estaba cansado por haber trabajado tan duro, durante tanto tiempo, y se sentía frustrado porque siempre se encontraba con algo que lo limitaba, ya que no sabía leer. Mi padre siempre había pensado que era demasiado viejo para ir a la escuela o para aprender a leer. Pero eso significaba que tenía que depender de mi madre y de otros que le leyeran —lo que hizo todo más difícil en un mundo que ya era difícil.

Así fue que, por primera vez, empecé a trabajar para otra persona aparte de mi padre —el Sr. Watson, quien dirigía una granja de pollos. El Sr. Watson era muy tranquilo y relajado, y yo no estaba acostumbrado a eso. Yo barría excremento de pollo debajo de las jaulas para tener dinero extra con que pagar mis salidas nocturnas en la ciudad. Con la ética de trabajo que aprendí de mi padre, me convertí en un empleado estrella.

Después de graduarme de la escuela secundaria en Rio Linda, di otro paso hacia la independencia y me mudé a mi propia casa junto con Rocky. En aquel entonces no tenía ni muchos sueños, ni muchas ambiciones. Sólo quería seguir ganando dinero para poder divertirme, manejar autos de carreras, y conocer chicas. Pero mis planes cambiarían tan solo seis meses más tarde, cuando me reclutaron para la guerra de Vietnam.

CAPÍTULO 2

Las lecciones que la guerra me enseñó

Cada vez que veías a un soldado acercarse, te quedabas
sin aliento. Pensabas que te traían noticias de tu hijo.

—Della Johnson

Encuentre algo en común por lo cual unirse

Supe que iría a Vietnam cuando mi madre me llamó para decirme que
tenía unas cartas que me habían llegado a su casa. Fui a recogerlas y abrí
una de las cartas, que decía: "Sus amigos y vecinos lo han elegido para
que se presente ante el Ejército de los Estados Unidos".

Yo estaba confundido. "Mamá, ¿qué amigos y vecinos harían esto?",
le pregunté.

"Es una carta del gobierno, del Tío Sam", explicó mi madre.

"¿Qué Tío Sam?" No recordaba tener ningún tío llamado Sam.

Finalmente mi madre logró hacerme entender que el Presidente de
los Estados Unidos me había reclutado para el Ejército.

Lo que no me dijo en ese momento fue que ella creía que el ejército
sería bueno para mí y me ayudaría a encontrar mi camino. Me pasaba la
mayor parte del tiempo divirtiéndome y no tomaba nada en serio —y ella
pensó que esto quizá podría hacer que tomara las cosas en serio.

Pero aun así, le preocupaba Vietnam. Sin embargo, tenía cuidado
de no demostrármelo. Ella no quería que me preocupara. Mi padre se

infantería que tenía unos 130 hombres. Cada uno de los integrantes de la unidad obtuvo un Corazón Púrpura mientras yo estuve allí. Solo la mitad sobrevivió.

Mi unidad llegaba para ayudar a otras unidades cuando ya estaban en acción. Nos sentábamos en una pista de aterrizaje con nuestras mochilas y nos trasladaban en helicóptero a las áreas de aterrizaje peligrosas para ayudar a asegurar el área y rescatar a los soldados que habían sufrido un fuerte ataque. Si un avión era derribado, también llamaban a la unidad para asegurar el área alrededor de los restos y encontrar a los pilotos.

Básicamente, éramos la caballería. Nosotros no entrábamos a una zona y causábamos problemas; eso ya estaba ahí cuando llegábamos. Nosotros solo teníamos que lidiar con eso.

Mis comienzos fueron en un centro de dirección de fuego (FDC) porque era bueno con los números. Utilizaba mis habilidades en matemáticas para determinar dónde instalar las armas y los morteros para la primera línea de defensa.

Cuando mataron al observador avanzado (FO) de la unidad, me dieron su puesto, caminando delante de la compañía, buscando emboscadas y trampas explosivas. Podría ser el trabajo más peligroso de la unidad, y aprendí a confiar en todos mis sentidos —incluyendo mi instinto— para poder alertar a la unidad. Si no lo hacía, los hombres detrás de mí estarían en peligro.

Hubo una emboscada cuando el operador del teléfono por radio (RTO) y yo estábamos aislados del resto de la unidad. Nuestras instrucciones eran seguir presionando hacia adelante, alejándonos de la unidad, hasta que pudieran recogernos. Bueno, les diré que fue difícil resistir el deseo de regresar y ayudar a esos tipos bajo fuego, pero estar separados del resto de la unidad, solos y vulnerables también era aterrador. Otra unidad nos recogió, eso fue algo muy duro. No fue la única vez que la persistencia del ejército por proteger a sus soldados me sorprendió. Estuve involucrado en muchas batallas donde se enviaban helicópteros y tropas para rescatar a uno o dos hombres en situaciones similares, sin ahorrar esfuerzos para salvar vidas. Eso profundizó mi amor por este país y mi respeto por el ejército.

Mientras era un FDC, vi algunas cosas horribles. Si encontrábamos un pueblo con fuerzas del Viet Cong, lo rodeábamos mientras que un avión lanzaba folletos sobre el pueblo, advirtiendo a los aldeanos que tenían 12 horas para salir de ahí antes de que el área fuera bombardeada. Algunos se iban junto con su ganado, mientras que otros se quedaban mientras la aldea era destruida con napalm. A veces, los soldados enemigos lograban atravesar nuestras líneas, disparando morteros. Algunos usaban a los aldeanos como escudos humanos. La muerte estaba por todas partes y no había reglas para ello.

Cuando estuve allí, no vi a muchos hombres derrumbarse, porque tenías a tus amigos contigo. Después de una intensa batalla, los pocos que sí empezaban a derrumbarse, por lo general, podían recuperarse al saber que tenían que cuidar a los heridos.

Les dábamos una bofetada para reubicarlos y les decíamos: "Oye, ve ahí y ayúdalo; está herido". Y tan pronto como empezaban a trabajar y a ayudar a alguien más, el miedo desaparecía.

Supere el miedo

Obtuve mi Corazón Púrpura aproximadamente ocho meses después de haber iniciado mi periodo de servicio. Mi unidad estaba en una zona de aterrizaje peligrosa; había sido llamada para rescatar a otra unidad que se había encontrado con una posición estratégica ocupada por el Viet Cong. Mientras volábamos hacia allí, el capitán nos dijo que íbamos a tener que cavar profundo porque nos golpearían duro esa noche. Así que empezamos a cavar trincheras, usando sacos de arena y árboles como soporte.

Hacía muchísimo calor. Yo estaba acostado sobre la trinchera con mi amigo Lamb. Estaba menos caluroso en la parte de arriba. De repente, escuchamos morteros que se acercaban y los gritos de "¡Morteros, morteros!". Lamb y yo bajamos a la trinchera justo cuando un mortero cayó desde arriba. Recuerdo el ruido del impacto, el temblor y luego la tierra cayendo encima de mí cuando la trinchera se derrumbó a nuestro alrededor. Nuestras caras y nuestras armas estaban todavía afuera de la tierra, así que pudimos disparar, pero nuestros cuerpos estaban enterrados y no nos podíamos mover. Todo un lado de la trinchera había desaparecido, y más morteros seguían cayendo. La metralla de los morteros golpeaba los costados de la trinchera, y yo estaba seguro que nos invadirían.

Milagrosamente, el fuego se detuvo. Cuando la unidad me desenterró, yo estaba cubierto de sangre y estaba bastante seguro de que ya estaba muerto. Resulta que la sangre venía de una herida grande y de varias heridas más pequeñas a su alrededor. El sudor y las heridas superficiales hacían que pareciera mucho más grave de lo que era. Después de que me llevaron en camilla al área médica, me pude incorporar. El asistente médico de campo vino a cubrir mis heridas con gasa y cinta adhesiva. Mientras estaba haciendo su trabajo, trajeron a un soldado enemigo herido. Cuando el soldado estaba acostado en la camilla, abrió sus manos y mostró un anillo de granada en su dedo. Todo el mundo le disparó menos yo. Había perdido mi arma en la trinchera.

Esa noche nos curamos las heridas. No podíamos volar de noche porque no podíamos ver a los soldados del Viet Cong, pero ellos sí podían vernos a nosotros. Así que esperamos. Salí con el resto de los heridos y recibí más tratamiento para las heridas de mortero. Luego me enviaron al campamento base durante una semana para recuperarme. En el *Big Red One*, tenías que haber sido herido tres veces —o muy gravemente— antes de que te dejaran volver a casa. Sabía que iba a regresar a la pelea.

No lo pensé dos veces antes de volver a meterme en una trinchera. Por supuesto, acabé sacando metralla de mi brazo y mi espalda durante los siguientes quince años como consecuencia de las heridas. Supongo que hay algunas cosas que simplemente tienes que hacer.

En una de las noches más aterradoras que pasé en Vietnam, mi unidad aterrizó en otra zona peligrosa en medio de arrozales. Un río corría entre el lugar en el que habíamos establecido el campamento y el lugar en el que un grupo de hombres de nuestra unidad iba a colocar una emboscada. Lamb y yo íbamos a establecer un puesto de escucha fuera del perímetro del campamento principal, como un sistema de alerta temprana contra algún ataque, con el río de un lado y los arrozales del otro.

Normalmente, un puesto de escucha se colocaba en línea directa al campamento, si escuchábamos algo, podíamos caminar fácilmente de regreso al campamento. Pero en esta zona, el río no se podía cruzar. Eso significaba que habría que seguir el río hasta un cruce y luego regresar hasta el campamento. Básicamente, no había marcha atrás. Estábamos atrapados allí.

La luna brillaba esa noche mientras Lamb y yo mirábamos a través de los arrozales, alertas al sonido del movimiento del enemigo. De repente, Lamb susurró: "¿Oyes algo a nuestras espaldas?".

Bueno, eso llamó mi atención. Escuché detenidamente. Sonaba como si los hombres del Viet Cong estuvieran moviéndose río arriba. Llamamos por radio a nuestro Teniente para advertir al campamento. Nos dijo que lanzáramos granadas a los soldados que se acercaban. Si lanzábamos las granadas río abajo, el campamento quedaría lo suficientemente lejos como para que las explosiones no lo alcanzaran. Pero si el enemigo se acercaba más y nos veíamos obligados a disparar, estaríamos disparando a través del río hacia nuestra propia unidad. Y la unidad nos estaría disparando a nosotros.

Esperamos. Podíamos oírlos cada vez más cerca. Cuando se aproximaron, jalamos los anillos, lanzamos las granadas y nos tiramos al piso. Esas granadas cayeron cerca del río y dispararon un chorro de lodo. Parte de ese lodo les cayó a los de nuestra unidad, quienes inmediatamente gritaron por la radio: "¿Qué hacen?".

Fue una noche muy larga. Escuchábamos sonidos, lanzábamos granadas y nos tirábamos al suelo. Toda la noche. Pero el Viet Cong nunca llegó al campamento. Lamb y yo estuvimos asustados toda la noche porque los oíamos acercarse y pensábamos que se colocarían entre nosotros y nuestro campamento. En ese caso quedaríamos atrapados. Probablemente he tenido más sueños acerca de esa noche que de la noche en la que resulté herido. Probablemente me he despertado sudando más por esa noche que por cualquier otra a través de los años.

pierde sus empleos y los medios de subsistencia. Así que la guerra me enseñó a tomar las mejores decisiones para la gente que me rodea, no solo para mí.

Y el ejército también me enseñó otras lecciones. Es importante tener buenos líderes y una clara cadena de mando. Y me enseñó la limpieza y el orden. Mantener las cosas alineadas contribuye a la eficiencia. En el ejército, nos decían que miráramos hacia la derecha y mantuviéramos todo alineado, desde los hombros hasta la nariz. Recordé eso y lo apliqué en el deshuesadero de vehículos, acomodando los autos que estaban en el predio en una fila perfecta. También aprendí que una capa de pintura puede ayudar a ocultar muchas imperfecciones y que es la manera más barata de hacer que algo malo se vea bien.

En el entrenamiento básico, recuerdo haber permanecido despierto toda la noche puliendo el piso de las barracas para la inspección de la mañana siguiente. Si no pasábamos la inspección o si las camas no estaban hechas correctamente, no tendríamos un fin de semana libre. Entonces, si terminábamos el piso temprano, caminábamos en calcetines y dormíamos sobre las camas ya hechas, con tal de no rayar ni estropear nada. El Ejército te enseña orden, puntualidad y disciplina. Te enseña cómo trabajar en equipo. Fue la mejor educación que pude haber recibido.

No hablé de Vietnam durante más de veinte años después que volví a casa. Entonces visité el *Vietnam Veterans Memorial* en Washington, DC. Fui allí buscando el nombre de David, así como el de otros amigos que había perdido. Encontré un nombre antes de comenzar a tener un ataque de pánico. Subí la colina y salí, y nunca más regresé.

Era como una nube oscura que me cubría, y yo me sentía asfixiado. Había demasiados fantasmas, cuerpos y personas. Se podían ver todos los nombres, y era abrumador. Probablemente sea el mejor monumento que alguna vez se haya construido. Pero ahora sé por qué los veteranos van allí y lloran. Tiene un poder increíble.

En ese momento me di cuenta de que no se puede pasar por algo como Vietnam y enterrarlo para siempre. Así que empecé a hablar de ello, y finalmente encontré paz después de años de haber ignorado ese tiempo.

Supongo que era una clase distinta de soldado, porque cuando llegué a casa, lo borré de mi mente. Aunque regresé con un Corazón Púrpura y una Medalla al Mérito por Heroísmo y otras condecoraciones, las metí en un cajón en vez de exhibirlas.

Yo había terminado. No veía las noticias. Había cumplido mi condena, y ya había pasado. Pero tenía amigos que lo revivían una y otra vez. Se reunían y hablaban de ello. No podían olvidarlo. Yo me alejé de ellos porque no quería hablar de eso.

Quería que la guerra se quedara en el pasado, detrás de mí. Regresé decidido a tener éxito. Mi hermana Bonnie dice que realmente crecí en Vietnam. Le dije a mi hermana Lequeita que iba a volver a casa, casarme y hacerme millonario. Y eso fue lo que hice.

CAPÍTULO 3

Lecciones que aprendí al empezar una familia

A veces nos ocurren cosas que, en retrospectiva, nos damos cuenta que fue la decisión más importante de nuestra vida.

—Joyce (Cox) Johnson

Camarón que se duerme se lo lleva la corriente —en el amor y en los negocios

Había regresado a casa después de Vietnam por un corto tiempo, antes de tener que ir a Fort Benning, Georgia, para los últimos seis meses de servicio en el Ejército. Había descubierto que la mejor manera de olvidarme de Vietnam era retomar las cosas donde las había dejado, estar con mis amigos, conducir autos, bailar e ir al autocine. Todos encontraron su propia manera de lidiar con eso, y esa fue la mía.

Estaba en un partido de baloncesto en la escuela secundaria a la que había asistido cuando tropecé con las piernas de una joven. Ella no estaba nada contenta al respecto.

Recuerdo que ella me dijo: "¡Oye! ¡Fíjate por dónde vas!".

Pensé: *"Vaya, lo siento. No es para tanto"*.

Unos días después, Glenn Cunningham y yo nos enteramos de que habría una fiesta de *Halloween*, que estaba organizando mi hermana

Aliece. Parecía una buena oportunidad para conocer chicas, beber un poco, bailar y divertirnos. Mi otra hermana, Bonnie, había invitado a su amiga Joyce Cox para asistir a la misma fiesta y le había dicho que quería presentarle a su hermano, quien acaba de regresar de la guerra. "Tal vez puedan salir juntos", sugirió.

Joyce contestó: "De acuerdo, siempre y cuando no quiera una relación seria".

Glenn también acababa de regresar de Vietnam, donde había perdido un dedo. Glenn empezó a bailar con una de las chicas que estaban en la fiesta, y le pregunté quién era. Me interesaba, porque ella era la misma chica sobre cuyas piernas me había tropezado el día anterior.

Glenn me dijo que se llamaba Joyce Cox y que la había invitado a salir. Ella le había dicho que la llamara.

Entonces, fui directo hacia ella, la saqué a bailar y también la invité a salir. Recibí la misma respuesta: "Bueno, llámame".

No lo dudé. Al día siguiente, llamé a Joyce y la invité a salir.

Es como en los negocios; no quieres esperar demasiado tiempo porque podrías perder el trato.

Joyce dijo que no sabía cuándo podría verme. Tenía una hija pequeña, llamada Reba, de un matrimonio anterior que había sido anulado. Joyce tenía que llevar a Reba al médico ese día.

"Bueno, puedo llevarte a ti y al bebé al médico", ofrecí.

Joyce me dice que, de repente, se dio cuenta de que yo era diferente. Le gustaba la forma en que incluí a Reba y la forma en la que le decía claramente las cosas acerca de lo que quería, y eso la hacía sentirse segura. Joyce me dio su dirección —que estaba en Willis Avenue.

"Es un presagio", le dije y nos reímos de eso.

Más tarde cuando conducía por Willis Avenue, vi a una mujer hermosa, muy bien vestida, peinada y maquillada, esperando afuera. Pensé que era la mujer más bonita que había visto en mi vida. Y seguí manejando.

No me había percatado de que era Joyce. Tuve que llegar hasta el final de la calle y dar la vuelta antes de darme cuenta de mi error. Llevamos a Reba al médico, y luego fuimos a Sam's Hoffbrau, donde comimos y permanecimos en el lugar durante horas.

Joyce, que vivía con sus padres, hizo arreglos para que ellos cuidaran a la bebé, y nosotros dos volvimos a salir esa noche. Y otra vez la noche siguiente. Rara vez estábamos separados.

En una de nuestras salidas, le dije a Joyce que un día sería rico. Ella no tenía ninguna razón para creerme. En aquel entonces, yo no daba ninguna señal de que eso fuera a suceder. Pero a ella le gustaba que yo tuviera ambición. Le gustaba que yo tuviera planes. No sólo planes para esa noche —planes para todo.

Diez días después de nuestra primera salida, fui a su casa a contarle más acerca de mi plan. Era el cumpleaños de Joyce, y yo había reclutado a Aliece para ayudarme a elegir un regalo —un anillo de compromiso.

Verán, yo estaba a punto de ir a Fort Benning para completar el servicio militar y quería que Joyce fuera conmigo. Pero Joyce había dejado claro que no iba a ir a ningún lado, a menos que ella estuviera casada.

Así que pensé que resolvería el problema. Me pareció lo correcto. Yo quería estar con ella y esta era la manera de lograrlo.

Ella esperaba que yo llegara más tarde ese día. Teníamos planes para la cena. Pero no podía esperar. Bonnie y yo llegamos temprano —y Joyce todavía tenía los rulos puestos. Le pedí que se sentara en el asiento delantero del auto y le dije que había un regalo para ella en la guantera.

Estaba sorprendida. Yo había hablado sobre casamiento, pero ella no sabía que era en serio. Pero así soy yo. Sabía lo que quería, y quería construir una vida. La gente cree que es raro que le propusiera matrimonio después de tan poco tiempo. A mí me parece raro que haya aceptado.

Joyce dice que no tuvo nada de extraño.

Dice que, a veces, pasan cosas que, en retrospectiva, sabes que fue la decisión más importante de tu vida. En ese momento sabes que es el camino correcto a seguir. Es como una reacción instintiva o como entender el significado de ser "almas gemelas".

Desde el momento en que nos conocimos, Joyce sabía que yo tenía seguridad en mí mismo y determinación. Eso le gustaba. Quizá también pensó que era bien parecido.

Yo había salido con chicas antes, y Joyce había estado casada. Y ninguno de nosotros realmente tenía planes para que las cosas pasaran tan rápido. Pero, simplemente, habíamos congeniado de una manera que yo sabía que no iba a encontrar en ninguna otra persona. A ella le interesaba todo lo que yo decía y yo también quería escuchar lo que ella tenía que decir. Ella conocía a mis hermanas y le gustaban tanto los autos que sabía sobre marcas y modelos. Ambas familias eran de Oklahoma y Arkansas y tenían una ética de trabajo y creencias similares.

El hecho de que el paquete también incluía una hija hizo que el trato fuera aún mejor.

Crecí con cinco hermanas y, por lo tanto, estar cerca de un bebé no era nada fuera de lo común. Y como estaba enamorado de Joyce, también estaba enamorado de la bebé. Reba era parte de Joyce.

Yo tenía que reportarme a Fort Benning, Georgia, poco después del día de Acción de Gracias para completar mi tiempo de servicio. Joyce y yo nos escribíamos y hablábamos de casarnos cuando saliera del ejército, en abril. Pero cuando llegué a casa en vísperas de Navidad, decidimos que no podíamos esperar. Fuimos en auto hasta Carson City, Nevada, el día de Navidad, y nos casamos el 26 de diciembre de 1968. Yo tenía 21 años y Joyce tenía 20.

Cuando las cosas se compliquen, utilice su creatividad

Yo estaba apenas terminando el servicio militar cuando Joyce y yo nos casamos. Reba y ella tomaron el tren para reunirse conmigo en Fort Benning; vivíamos al lado de la base militar, en un pequeño pueblo llamado Columbus. Yo era un SPEC 5 (especialista) que ganaba unos 140 dólares al mes, aproximadamente 42 dólares más de lo que hubiera ganado si hubiera sido soltero, así que no podíamos permitirnos el lujo de tener nuestro propio auto. Pero nuestra casa tenía un terreno amplio en la parte de atrás, y les ofrecí a otros soldados que estacionaran sus vehículos ahí. En la base no permitían autos que no estuvieran asegurados, y en aquel entonces la ley no exigía que el auto tuviera un seguro. Los soldados, por lo general, no tenían dinero para contratar un seguro, así que estacionaban sus vehículos fuera de la base. A cambio de guardar sus autos en mi casa, yo podía utilizar los vehículos si los necesitaba. Siempre había dos o tres autos para elegir, e incluso una motocicleta de vez en cuando. Era mi propia pequeña agencia de alquiler. Y me ahorró el dinero que no podíamos gastar en un auto.

No tenga miedo de ensuciarse

En cierto modo, siempre esperé que cuando terminara de servir a mi patria, volvería a trabajar para mi padre en California, en el deshuesadero de vehículos. Y eso fue exactamente lo que hice, al menos por un tiempo. Y aún después de todo lo que había aprendido mientras crecí y mientras estuve en la guerra, mi padre todavía tenía cosas que enseñarme.

Mi padre se había enterado —una vez más por medio del periódico— de que un deshuesadero llamado Red Auto Wrecking estaba subastando su inventario en Weed, California. Nos subimos a la camioneta para ir a dar un vistazo al lugar, que era viejo y estaba lleno de miles de autos antiguos, incluyendo marca Packard, Henry J, Kaiser-Frazer, Chevy y Ford. Los motores estaban fuera de algunos de los autos y había un árbol de unas seis pulgadas de diámetro que crecía en el interior de un auto. Mi padre me dijo que tomara un pedazo de papel y realizara un inventario de todos los autos que estaban en el predio —y que incluyera el tamaño, si tenía motor y si estaba completo en un 50 por ciento, en un 75 por ciento o en su totalidad. Me arrastré sobre cada centímetro de ese lugar, trepando por las malezas llenas de serpientes con una lata de pintura que usaba para marcar los autos y poder saber cuáles eran los que ya había anotado.

Mientras tanto, mi padre calculaba el tonelaje de chatarra y trataba de averiguar cómo trasladaría todo si llegara a comprarlo. Yo le había leído las reglas de la subasta, que incluían que el mejor postor tenía que llevarse todos los autos en un plazo de noventa días o pagar una multa. Eso no nos daba tiempo para separar las partes útiles y transportar el metal a una planta de fundición.

Esa noche, en el hotel, mi padre revisó los números de mi inventario e hizo su cálculo final, pensando en voz alta mientras lo hacía. Me dijo cuáles autos tenían más metal y cuanto obtendríamos por los radiadores y por las otras piezas. Fue otra lección de reciclaje.

Pero también resultaría ser una lección sobre el sistema de licitación. Al día siguiente, fuimos a una sala amplia, con una mesa grande, donde empresarios con anillos de diamantes, relojes caros y sombreros de vaquero estaban dispuestos a hacer ofertas que competirían con la nuestra. Todos se veían refinados y limpios, mientras que nosotros todavía teníamos la mugre del deshuesadero, después de habernos arrastrado bajo todos los autos el día anterior.

Fue una subasta de oferta sellada. En silencio, mi padre escribió su oferta en un pedazo de papel y la puso en un sobre; ni siquiera me mostró la oferta a mí primero. Todos los sobres se colocaron en el centro de la mesa y se abrieron uno a la vez. Una oferta fue de 12,000 dólares, otra de 13,000 dólares. La oferta de mi padre fue de 15,000 dólares. ¡Ganamos la oferta!

Yo estaba emocionado. Había mucho trabajo que hacer, pero la pasaríamos bien, pensé. ¡Pronto vamos a "estar en la prosperidad", en las buenas, con todos estos autos! Luego, mientras salíamos de la sala, uno de los empresarios se acercó a nosotros y nos ofreció 5,000 dólares para que nos retiráramos y le permitiéramos adquirir el pagaré de la oferta de 15,000 dólares. Mi padre se negó.

Yo no podía creerlo. En aquel entonces, uno podía comprar una casa de tres dormitorios por alrededor de 8,000 dólares. A mi padre le habían ofrecido mucha ganancia sin tener que hacer nada. ¿Cómo había podido decir que no?

"Él regresará al hotel y lo pensará, y volverá mañana con más dinero", me aseguró mi padre. "Entretanto, ahí afuera hay gente que todavía quiere cosas".

Efectivamente, treinta minutos después otro hombre se acercó a nosotros, de parte de la colección de autos Harrah's, en Reno. Nos dijo que quería comprar y restaurar quince de los autos que estaban en el deshuesadero, y los tres fuimos a verlos. Mi padre hizo un trato con el comprador de Harrah's para comprar los quince autos por 5,000 dólares, pero le dijo que tendría que retirar los autos del deshuesadero a más tardar en una semana.

Cuídese de las personas deshonestas

Finalmente tuvimos un poco de suerte cuando me ofrecieron un trabajo en una tienda Safeway, en Spokane. Para abril, ya estábamos esperando un bebé.

Todos los empleados de Safeway parecían ir a la universidad, y la tienda los apoyaba programando los turnos de trabajo, según el horario de clases. Yo decidí que, tal vez, debía aprovechar el proyecto de ley estadounidense que concedía beneficios a los veteranos de guerra *(GI Bill)* y tomar clases también, y me matriculé en el centro de estudios superiores de la comunidad.

Sin embargo, no permanecí mucho tiempo en la escuela. Simplemente no era para mí. Ya sabía las matemáticas que enseñaban después de años de aplicarlas en los negocios y en el ejército. Básicamente, no estaba aprendiendo nada nuevo sobre las cosas que me interesaban y estaba perdiendo el tiempo tomando clases que no me interesaban, como sociología. No quería analizar a las personas. Así que después de un semestre de eso, decidí abandonar la escuela.

En cambio, obtuve más turnos en Safeway, donde estaba adquiriendo habilidades prácticas para los negocios, como el balance de las cajas registradoras, pedidos, seguridad y prevención de pérdidas. Dado que Safeway operaba con un margen de ganancias muy reducido, el consejo de mi padre: "Cuida tus centavos y tus dólares se cuidarán a sí mismos", resultó útil nuevamente. Si los empleados no se hacían responsables de hasta el último centavo, era probable que la tienda no lograra tener éxito.

Todos tomábamos nuestros descansos para almorzar en una habitación arriba de la tienda. Esto fue antes de que se popularizara la instalación de cámaras de seguridad, por lo que la habitación era también una excelente manera de observar a los clientes y atraparlos cuando trataban de robar.

Esa sí que fue una experiencia reveladora. Sentado en la parte alta de la tienda me di cuenta de cuán deshonesta podía ser realmente la gente. Aquella ancianita que quien jamás hubieras imaginado que fuera capaz de robar estaba metiendo cosas en su bolso cuando nadie la miraba, o aquella persona obesa metía costillas de cerdo en sus pantalones y salía caminando de la tienda. Me hizo pensar en cómo realmente el robo puede afectar un negocio y en hasta qué punto uno no puede ignorarlo.

Safeway también reforzó la necesidad de orden que había adquirido en el pasado, cuando estaba en el ejército. Los pasillos debían estar organizados y limpios para las personas que deseaban comprar, de modo que pudieran encontrar lo que buscaban. Eso significaba prestar atención y rellenar los estantes vacíos, controlar las fechas de vencimiento y ofrecer descuentos especiales para los artículos de los que había una gran existencia.

No confíe en los sindicatos

Safeway era también un buen modelo a seguir por el modo en que cuidaban a los empleados. No solo hacían modificaciones para adaptarse a las necesidades de los empleados que querían ir a la universidad, sino que también tomaban medidas especiales para garantizar la seguridad del personal. Eso me gustó, y yo quería ser el mismo tipo de empleador.

Safeway era parte del sindicato, pero esa no era la razón por la que trataban tan bien a sus empleados. De hecho, la experiencia que tuve con el sindicato en Safeway me hizo sospechar de esas agrupaciones para el resto de mi vida. Mientras estaba allí, Safeway había ofrecido una serie de aumentos a sus empleados en un contrato de tres años. Todos los empleados fueron llamados a la sala del sindicato para votar sobre la oferta, que se aprobó por abrumadora mayoría. Unas semanas más tarde, sin embargo, el sindicato llevó a cabo otra votación, y solo invitó a los que sabían que votarían en contra de la oferta. La votación produjo un resultado adverso, lo que originó una huelga.

Fue un voto engañoso, y en ese entonces que me di cuenta de cómo funcionaban los sindicatos. Safeway había sido bueno con nosotros, adaptándose a nuestros horarios de estudio y capacitándonos en lo relacionado con el negocio. Todos estábamos muy tristes por tener que estar en huelga, porque nos gustaba trabajar allí. Pero al sindicato no le importaba eso.

Me rehusé a cargar un cartel durante la huelga, y en cambio, complementé mis ingresos paleando nieve. Pero, más allá de la huelga, me di cuenta de que Joyce y yo no estábamos muy felices en el estado de Washington y definitivamente no deseábamos pasar otro invierno allí. Joyce extrañaba su casa y realmente quería estar cerca de su madre cuando tuviera al bebé.

Poco tiempo después de que comenzara la huelga, estaba hablando con mi padre por teléfono durante la hora del almuerzo; le decía que las cosas no iban tan bien como me hubiera gustado. Mi padre me ofreció otra oportunidad de volver y trabajar para él. También me ofreció algo que nunca antes me había propuesto: darme una parte de la empresa. Me prometió que si trabajaba en el deshuesadero, tendría el diez por ciento de los negocios y de las ganancias. Si bien es cierto que no iba a ganar demasiado —sólo 1.10 dólares la hora— también iba a recibir una comisión por las ventas que realizara.

Una vez más, no dudé al momento de tomar una decisión y rápidamente acepté la oferta de mi padre. Supongo que así es cómo me gané mi reputación de pistolero. Tampoco puedes vacilar cuando estás en un tiroteo, o no tendrás otra oportunidad. Llamé al gerente de Safeway y le dije que renunciaba porque no estaba de acuerdo con lo que hacía el sindicato, y que por favor enviara mi cheque a la dirección de mis padres en California. Después alquilé un camión de mudanzas, recogimos nuevamente todo lo de la casa e hicimos el viaje a Rio Linda con Joyce y Reba esa misma noche.

Cuando le haga una promesa a alguien, cúmplala

De regreso en casa y nuevamente en el negocio que amaba, tomé todo lo que había aprendido en las fuerzas armadas y en Safeway y lo apliqué al negocio del deshuesadero. Tripliqué los ingresos en el predio, ocupándome de los clientes y llamando a los talleres de carrocería y a los mecánicos para decirles qué piezas teníamos en inventario. Estaba comprando más autos de chatarra, desarmando más autos y reciclando más hierro y piezas. Incluso contraté a más personas para mantenerme al día con la demanda —algo que mi padre nunca había querido hacer porque eso significaba tener que leer y llenar formularios.

Además, mi padre había aflojado un poco el ritmo en el negocio, lo que me abrió aún más las puertas para hacer lo que yo deseaba. Él estaba a punto de jubilarse y hacía más viajes con mi madre en su casa rodante, y dejaba las tareas del día a día para mí. Pero había una parte de mi padre que no sabía qué hacer sin el negocio, y él no estaba completamente listo para soltar las riendas del todo.

Cuando con todo el trabajo arduo que había realizado obtuve un cheque enorme por las comisiones, mi padre me pidió que no lo cobrara, así el dinero podría volver a invertirse en el negocio. A cambio, me ofreció el uso de la camioneta de la empresa, y otra vez me prometió un porcentaje del negocio a medida que creciera.

Accedí a reinvertir el dinero en el negocio porque sabía, por lo que mi padre me había enseñado, que eso era lo correcto. Y continué manejando la empresa como si fuera mía, porque pensaba que una parte de ella lo era. Amplié el negocio a una granja lechera grande que estaba ubicada al lado y cambié la zonificación para que ellos pudieran alquilar algunas de las tierras a otros deshuesaderos locales. Los clientes que fueran a los otros deshuesaderos tendrían que pasar antes por nuestro negocio, lo cual significaría más clientes. También adquiría piezas de los otros deshuesaderos y las revendía para obtener una ganancia. A mi padre no le gustaba esto para nada. Él no quería que yo ayudara a sus competidores a hacer dinero — incluso si eso significaba más ganancias para nosotros.

Mi padre estaba muy enojado en ese tiempo, y el hecho de que estuviera bebiendo tenía mucho que ver. Cuando bebía, su temperamento empeoraba aún más, y entonces discutíamos acerca de la mejor dirección para el negocio. De hecho, rara vez estábamos de acuerdo en nada.

Finalmente, era mi turno para tomar unas vacaciones y dejar el negocio en manos de mi padre por un tiempo. Le pregunté a mi padre si podría prestarme 500 dólares del negocio para viajar a Arkansas con Joyce y visitar a sus padres, quienes ahora vivían allí. Mi padre dijo que el negocio no podía permitirse el lujo de prestarme el dinero, así que fui al banco a pedir un préstamo. En ese momento no me importó. Una vez más, el negocio es lo primero.

Sin embargo, poco tiempo después de que regresé, mi tío y mi tía llegaron a California desde Oklahoma de visita durante sus vacaciones. Mi padre me dijo que les diera un cheque de la empresa por 500 dólares, ya que les había prometido pagar sus vacaciones si venían a visitarnos. Yo estaba furioso y le dije que él mismo escribiera el cheque.

Mi padre no podía comprender el motivo de mi enfado. "Es mi dinero", me dijo.

Bueno, eso sólo me hizo enojar aún más.

"El diez por ciento es mío", le recordé. "Y si no vas a pagar mis vacaciones, no vas a pagar las de ellos".

Me fui y dejé a mi padre para que hiciera lo que quisiera y para que cerrara el negocio solo. Al día siguiente volví, pero el enojo no había pasado. Además, mi padre había estado bebiendo whisky, lo cual empeoró aún más las cosas. También había tenido una pelea con mi hermano Curtis ese día. Al final, todos decidimos separarnos.

Eso fue difícil. Yo siempre había admirado a mi padre, pero también me sentía lastimado y decepcionado. Pero aprendí una valiosa lección: cuando le haces una promesa a alguien, más vale que la cumplas. Después de que mi padre no cumpliera lo que me había prometido, me dije a mí mismo que yo nunca haría eso, incluso si eso significaba perder dinero. Nunca le prometí algo a alguien que no lo cumpliera. Y nunca hice promesas que no podía cumplir. Mi palabra vale oro. No me tienen que hacer firmar algo para que tome en serio mi compromiso. Fue una excelente lección, aunque me hubiera gustado una mejor manera de aprenderla.

Para hacer realidad un sueño, es necesario hacer sacrificios

Usé mi experiencia en Safeway para conseguir un trabajo en otra cadena de supermercados —Raley's Bel Air— mientras que Curtis consiguió un trabajo en Teichert Construction. Yo andaba de un lado a otro. Una semana en una tienda y la siguiente semana en otra tienda diferente, ocupando diferentes puestos, de asistente del gerente a gerente de productos agrícolas a gerente de pedidos. Me gustaba porque tenía que hacer algo distinto todo el tiempo y continuaba aprendiendo sobre las ventas al por menor.

También usé mis beneficios como veterano para ayudar a comprar una casa para mi familia, que se ampliaba y ahora incluía a mi hija menor, Tammi. La casa costó once mil dólares y el pago era de noventa y nueve dólares al mes. El dinero alcanzaba solo para lo justo.

No sabía cómo me las iba a arreglar. Recuerdo haberme sentado para averiguar cuántos pañales teníamos que lavar en las máquinas de monedas, y si sería mejor ir a Sears y comprar una lavadora y pagarla a plazos de diez dólares al mes.

Después me lesioné la clavícula y no pude trabajar durante un corto tiempo. Joyce limpiaba casas y vendía Tupperware, y yo vendí mi moto y mi camioneta para que nos ayudara a sobrevivir.

Aunque esos tiempos fueron duros, nunca dejé de soñar en grande y de buscar algo mejor. Yo quería mucho más para mi familia, y sabía que la única manera de hacerlo era poner mi destino en mis propias manos y empezar mi propio negocio.

Además, al igual que mi padre, no podía olvidar mi amor por el negocio del deshuesadero. Después de nueve meses en Raley's, me tomé un tiempo de descanso para intentar encontrar un deshuesadero en el cual invertir. Yo sabía que ya teníamos capital disponible por nuestra casa, y mi plan era usar ese capital para comprar mi propio deshuesadero.

El hermano de Joyce, Terry y yo habíamos hablado sobre adquirir un predio en Oklahoma —donde el terreno era más barato. Incluso estuvimos allí durante dos semanas con el objetivo de encontrar un lugar. Pero Joyce no quería volver a Oklahoma. Ella había formado un hogar en California y quería quedarse. Así que apeló a un valioso aliado: oró para que no encontráramos un predio en Oklahoma. Ella confiaba en que Dios ayudaría y creía que debía haber un lugar en California que pudiéramos comprar. Dios la escuchó.

Nunca pude ganarle a las oraciones de mi esposa y nunca encontré un predio en Oklahoma. Pero cuando llegué a casa en agosto de 1972, encontré una pequeño deshuesadero de automóviles, de cinco acres, ubicado en Rancho Cordova, llamado Rand's Auto Wreckers. Los

Al principio, cuando no tenía mucho dinero, dependía del hierro de desecho para ganarnos la vida. A medida que el negocio fuera creciendo, esperaba poder comprar mejores autos y mejorar la sección de piezas de repuestos del negocio.

Como oficina, utilizaba un viejo edificio portátil que estaba en la propiedad. También había una barraca Quonset, llena de basura, que había pertenecido a los dueños anteriores del deshuesadero: la usaba para desmantelar los autos.

Una noche poco usual, estaba en la casa rodante viendo una antigua película de John Wayne sobre la Segunda Guerra Mundial. En la película, John Wayne tiró abajo las puertas de una barraca Quonset en la que funcionaba el club de oficiales. La película me hizo pensar en mi propia barraca semicircular prefabricada de acero, con una nueva perspectiva.

Pensé: "Bueno, si pueden hacer que se vea decente en la película y decorarla para los oficiales, tal vez yo también pueda hacer eso".

Empecé a sacar toda la basura de la barraca. Luego compré paneles nuevos, que coloqué en las paredes para que dieran más la idea de una estructura permanente. Finalmente, le añadí una nueva losa de hormigón e instalé una puerta nueva.

En dos semanas teníamos una tienda Mather más grande y mejor —¡y todo gracias a John Wayne!

Busque el equilibrio entre el trabajo y la familia

Vivir en un deshuesadero fue una experiencia única. Mis hijos odiaban que el autobús los pasara a buscar, porque los otros niños se burlaban de ellos cuando veían que vivían en una chatarrería. A las niñas las ponían en ridículo muy a menudo, llamándolas *las Niñas de la Chatarra*.

Pero no todo era malo. El predio también era un excelente lugar para los niños con imaginación. Jason jugaba a las escondidas, a los indios y vaqueros, a la roña y a otros juegos entre los montones de autos destrozados. Definitivamente era la idea que un niño tenía del patio perfecto. Cuando era pequeño, Jason coleccionaba autos de Hot Wheels e imaginaba que tenía su propio deshuesadero; rompía con un martillo los autos que estaban en peores condiciones para hacerlos pedazos. Tengo que admitir que me hacía sonreír.

Mather fue verdaderamente un negocio familiar. Yo traía autos y piezas, mientras que Curtis llamaba a los talleres de carrocería y a otros deshuesaderos para vender lo que yo había llevado. Joyce ayudaba con el trabajo del Departamento de Vehículos Motorizados, mientras que los niños quitaban las placas o limpiaban los autos cuando llegaban al predio. También recogían las latas sobrantes por dinero.

Tammi dice que, en aquella época, ella y los otros niños aprendieron a trabajar y conocieron el valor del trabajo. También dice que fui un buen ejemplo para ellos, en cuanto a lo que es trabajar duro. Pero, en realidad, solo hacía lo que tenía que hacer —trabajar noches y fines de semana para que el negocio funcionara.

Sin embargo, siempre me esforzaba por reservar los domingos para la familia. Manejaba un gran autobús escolar marca Internacional desde el predio, cerca de la Base Mather de la Fuerza Aérea, para recoger a los niños y llevarlos a la escuela dominical. Jason, que tenía cuatro o cinco años, iba conmigo y se sentaba en la caja de la calefacción durante el trayecto. Joyce y las chicas se reunían con nosotros en la iglesia, donde ella enseñaba en la escuela dominical. Yo me quedaba para el servicio y luego repetía la ruta de regreso en el camión antes de volver al deshuesadero. Después, todos juntos, íbamos a otro servicio en la noche.

Mientras yo levantaba la empresa, ese era nuestro momento juntos, ya que el éxito en los negocios no significa nada si no tienes a tu familia o a tu fe.

Yo intenté utilizar el negocio para enseñarles a mis hijos algunas lecciones importantes. Reba me dice que yo no esperaba nada de nadie que yo mismo no hubiera hecho, y tiene razón. Yo solía desmantelar los autos junto a mis empleados. Lo gracioso era que permanentemente tenía grasa bajo las uñas. Incluso reconstruí una antigua grúa Ford del año 59 con las partes que había encontrado en el deshuesadero, para poder remolcar vehículos.

Con la grúa en funcionamiento, podía salir y comprar autos por entre diez y treinta dólares, y traerlos al predio. Un grupo quitaba las piezas que yo había marcado para vender y cortaba el resto para chatarra; luego la cargaban en un camión grande, que yo llevaba a Niles Canyon, cerca de Union City, a las cuatro de la mañana para ponerme en fila y así poder vender el hierro por dinero en efectivo. Iba temprano y así podía volver y recoger más autos durante el día.

A menudo, Jason iba conmigo. Yo lo despertaba a las cuatro de la mañana y lo llevaba hasta una plataforma colocada en el piso de la camioneta, donde podía dormir. A mitad de camino, me detenía para desayunar. Jason se despertaba para comer y platicar y después se volvía a dormir por el resto del viaje. Entonces, se despertaba otra vez para ver cómo descargaban los autos chatarra. Era un momento de diversión para ambos, y tuve la oportunidad de hablarle a Jason sobre los autos, algo que siempre le ha apasionado. También iba conmigo en los viajes de compra a las subastas en Reno, donde le explicaba por qué hacía ofertas por algunos autos y cuánto valían.

Supongo que Jason quería estar cerca de mí, igual que yo quería estar con mi padre a esa edad.

En uno de estos viajes a Union City para vender chatarra, entablé una conversación con Jimmy Meeks, quien trabajaba para su padre, que tenía un deshuesadero en el área de la bahía. Jimmy y yo bebíamos café y hablábamos de negocios. Nos dimos cuenta de que compartíamos una pasión por los negocios, una fuerte ética de trabajo y un gran sentido de justicia, lo que después haría que nuestros caminos se entrecruzaran de forma permanente.

Tres o cuatro días a la semana, yo repetía este ritual de conducir a Union City temprano por la mañana. Necesitaba cada centavo extra que entraba para poder invertirlo de nuevo en el negocio y seguir adelante.

Estaba tan ansioso por trabajar por mí cuenta que no pensé que fuera difícil. Pero Joyce recuerda tener que ir al banco, en algunas ocasiones, dos veces al día para cubrir los cheques. El Banco estaba al otro lado del pueblo, pero alguien tenía que hacer el viaje. Aun así, Joyce admite que fue una época de alegría, porque yo fui capaz de construir mi sueño —y toda la familia tomó parte en eso.

Mi sobrino, Rick Harris, cuando era un joven trabajaba en Mather: desarmaba neumáticos por cinco centavos cada uno. Rick recuerda que yo conducía un antiguo Oldsmobile, que tenía una gran abolladura en el costado, porque no podía pagar por algo mejor. Todo mi dinero extra iba al negocio. Para ser honesto, me quedé varado más de una vez en ese auto, pero por suerte era hábil para la mecánica y la mayoría de las veces podía arreglarlo. Simplemente, era un sacrificio que estaba dispuesto a hacer.

Gracias a Dios mi esposa también estaba dispuesta a sacrificarse y apoyarme. Vivíamos con lo justo, y si no teníamos el dinero, simplemente no lo teníamos y no hacíamos lo que no podíamos. No salíamos a comer ni íbamos al cine. Vivíamos para hacer crecer el negocio. Joyce me dijo después que siempre supo que todos esos sacrificios valdrían la pena algún día.

Ella tenía razón, y Mather resultó ser el negocio matriz para muchos futuros negocios exitosos.

CAPÍTULO 4

Lecciones que aprendí mientras
iba en pos de un sueño

Voy a Detroit, a ver al Sr. Iacocca y a ganar dinero.

—Willis Johnson, refiriéndose a Lee Iacocca, presidente de Chrysler.

La suma de las partes es mayor que el todo —al menos en un deshuesadero

Es posible que Mather empezase como una choza, pero pronto despegó gracias, en parte, a las aptitudes de venta de Curtis y a muchísimo esfuerzo. Mi sueño de aprovechar el aspecto de las piezas de repuesto del negocio empezó a convertirse en realidad. A medida que podía comprar mejores vehículos, Mather podía disponer de existencias de más y mejores piezas, incluyendo motores, transmisiones y puentes traseros. De esta manera, el negocio empezó a basarse menos en el metal de la chatarra, que poco a poco pasó de ser la principal partida de facturación, a convertirse en un subproducto del negocio de autopartes. Entre mejores vehículos podía comprar, mejores eran las piezas y mayores los beneficios. También pudimos devolver el dinero a los amigos y familiares que nos habían ayudado a empezar.

Otro gran impulso fue el haber sido el primero en la industria en desarmar piezas, no solo vehículos. Normalmente, si alguien iba a un deshuesadero y pedía un motor de 4.6 litros, el deshuesadero extraía el motor entero de un vehículo siniestrado con todo lo que colgaba —incluyendo el alternador, el motor de arranque, el regulador, los inyectores, el filtro de aire, el carburador y el distribuidor. Un motor Dodge 318 completo, con 22,000 millas recorridas, podía costar al cliente unos 400 dólares a principios de la década de 1970 y hubiese incluido garantía.

Pero si el motor había estado sin uso durante un tiempo, el carburador se habría secado —la bomba de agua u otras piezas no encajarían inmediatamente— lo que incrementaba las probabilidades de que el deshuesadero hubiese tenido que volver a comprarlo para cumplir con la garantía. Además, podría ser que el cliente tuviese un buen alternador y no necesitara otro. Estaban obligados a comprar todo el paquete. Para mí esto no tenía sentido.

Por eso era que, si el mismo cliente iba a Mather, obtendría el motor lavado al vapor, pintado y con un aspecto de nuevo. Las piezas adicionales habrían sido retiradas en cuanto el motor llegó, restauradas y vendidas por separado, para que los clientes comprasen solo aquello que necesitaban.

Yo les vendía el motor, limpio, por 275 dólares —una verdadera ganga, si era todo lo que necesitaban. Y, después, vendía todas las demás piezas por separado —el distribuidor por 50 dólares, el alternador por 25 dólares, el carburador por 100 dólares. Al final, podía obtener 700 dólares por las mismas piezas, vendidas por separado, que mi competidor vendía juntas por 400 dólares. ¡Y mi cliente estaba más contento! Por otra parte, habría menos recompras, porque no tendría que garantizar todas las piezas del motor. Por eso era que mis márgenes de ganancia superaban considerablemente a los de mis competidores.

En el mío, a diferencia de otros deshuesaderos, organizábamos rebajas y días temáticos —como el Día del Oeste— para atraer clientes. Era algo que había aprendido cuando trabaja en los supermercados. Pintaba el suelo todos los años para que pareciese más limpio, y organizaba las piezas de manera ordenada en estanterías, por tipos, lo que permitía a mis clientes ganar tiempo y comparar. Además, limpiábamos cada pieza, porque yo sabía que un cliente pagaría más por ella si parecía recién salida de la caja.

Todo lo que fuera necesario para que tuviera buen aspecto, lo hacíamos. De ese modo, la gente entraba y era como si visitara una verdadera tienda de repuestos. La experiencia era más personal. Podían curiosear y recorrer por la tienda. Sé que suena inverosímil —¡curiosear y recorrer en un deshuesadero! Pero sea lo que fuere que este comprando, siempre quiere que sea una buena experiencia... y quiere encontrar lo que busca fácilmente. Hasta entonces, la gente pensaba que un deshuesadero era un montón de vehículos siniestrados en medio de un campo, en el que tenías que esforzarte por encontrar lo que buscabas. Pero nosotros cambiamos eso. ¡Ni siquiera tenían que mirar el vehículo! Podían encontrar lo que buscaban en las estanterías.

La vida es frágil, hay que aprovecharla al máximo

A medida que las ventas y existencias fueron creciendo, necesité un edificio más grande para exponer todas las piezas y seguir creciendo. Igual que mi padre, busqué una solución en el periódico. Encontré un edificio de metal en West Sacramento. Era un edificio prefabricado de 4,000 pies cuadrados que habían armado para servir como iglesia de los

Adventistas del Séptimo Día. La congregación había decidido que no quería un edificio de metal como lugar de oración, así que lo pusieron a la venta por 5,000 dólares, con la condición de que el comprador se lo llevase y lo trasladase a su propio terreno.

Me pareció una excelente ganga, un método económico de conseguir un nuevo edificio. Así que Curtis, Joyce, yo y los niños nos pusimos a desmontarlo. Curtis y yo nos encargamos de la parte más difícil, en tanto que Joyce y los niños retiraban los centenares de tornillos y arandelas que venían con el edificio (¡a 5 centavos la pieza!) y los colocaban en cubos para poder reconstruirlo en el deshuesadero. Sin embargo, el edificio no resultó ser tan buena idea como había esperado. Descubrí que la nueva base de cemento del tamaño necesario para un suelo adecuado costaría alrededor de 10,000 dólares. Buena compra o no, finalmente lo hicimos y así tuvimos una verdadera tienda que podríamos ampliar.

Aproximadamente en la misma época en que trabajábamos en el edificio, mi hermano mayor, Ray, que tenía 37 años, se estaba muriendo de cáncer. Fue un proceso muy repentino y todos hacíamos turnos en el hospital para estar con él. Yo solía trabajar en el deshuesadero por el día, y luego pasaba media noche junto a la cama de Ray. Al igual que la guerra, era otro ejemplo de cuán frágil puede ser la vida y cómo es necesario que esforzarse para hacer valer cada momento. Ver los efectos que la muerte de Ray tuvo sobre su viuda y sus hijos también me hizo pensar más a fondo los verdaderos motivos por los que quería tener éxito —para proteger a los míos.

Hay que destacar del montón

Aún con un edificio más grande para exponer las piezas, sabía que para competir con eficacia con otros deshuesaderos de la región de Sacramento iba a necesitar hacer algo verdaderamente diferente. No era realista mantener existencias de piezas de cada marca y modelo, como los grandes deshuesaderos con más dinero y espacio. Pero sabía de algo que algunos deshuesaderos, como el de Al Parker en Citrus Heights, hacían bien. Este se especializaba solo en piezas de Rambler, en un pequeño predio de 2 acres. Todos los grandes deshuesaderos le vendían a él las piezas de Rambler y les enviaban clientes de Rambler porque preferían tener en existencias solamente artículos de gran salida y elevada demanda. Dado que Al era el único vendedor especializado en Rambler, podía atraer clientes de un área geográfica más amplia.

Hice un viaje a Los Ángeles para conocer al rey de la especialización —Marv Schmidt, propietario de un deshuesadero especializado en autos Chevrolet que atendía a toda la cuenca de LA y que tenía un tremendo éxito. El deshuesadero de Marv consistía en un enorme edificio para exponer las piezas y una pequeña área al otro lado de la calle, de un octavo de acre, donde se desmantelaban los vehículos. Se trataba de una instalación enormemente eficiente. Al final, Marv y yo nos hicimos buenos amigos. Marv incluso llegó a ser mi mentor.

Decidí que si Al Parker podía hacer buenos negocios vendiendo piezas de Rambler y que si Marv también tenía éxito especializándose en Chevrolet, eso era lo que yo quería hacer.

Continué mi investigación volando a Seattle para encontrarme con Don Fitz, de Fitz Auto Wreckers, que tenía varios tipos de deshuesaderos especializados. Uno en General Motors, otro en Ford, un tercero en Chrysler y otros dos: en Pinto/Vega y en vehículos extranjeros. El éxito que tenía alimentó mi entusiasmo por la especialización.

Volví y le dije a Curtis que, si queríamos competir, teníamos que especializarnos en una marca que los demás deshuesaderos de la ciudad no quisiesen. En esos tiempos, Chrysler, Dodge y Plymouth no eran marcas favorecidas por los deshuesaderos, porque no eran artículos de gran venta. Fue por eso que nos decidimos a especializarnos en Chrysler, Dodge y Plymouth.

Todos los demás deshuesaderos pensaron que me había vuelto loco. Pero estaban más que dispuestos a vendernos aquellas piezas de Chrysler que se arrumbaban en sus instalaciones, y a enviarnos clientes para poder ellos seguir manteniendo existencias de artículos más populares.

Mi amigo y cuñado, Mike James, dice que yo no temo romper moldes y hacer lo que nadie ha hecho antes. Supongo que lo que no me gusta es que la gente me diga que no puedo hacer algo. Cuando me dicen "Willis, eso no puede hacerse"... es como si me desafiasen a demostrarles que sí. No es que pensase que fuese mejor que nadie, sino que siempre pensé que si realmente quieres algo y te esfuerzas lo suficiente, lo conseguirás.

Y así fue. Muy pronto atendía a una amplia zona de clientes que necesitaban piezas de Chrysler porque los demás deshuesaderos no las querían. En una zona en particular no había gran demanda de estas piezas, motivo por el cual la mayoría de los deshuesaderos no querían tenerlas en existencias. Pero en toda la región, incluyendo Sacramento, Stockton, Marysville y Yuba City, la demanda era importante. Había algunos deshuesaderos especializados en General Motors y Ford, pero no en Chrysler, por lo que satisfacíamos la necesidad de una zona muy amplia.

Además, mantener en existencias piezas de Chrysler resultaba más económico. En esos tiempos, todavía nos dedicábamos, en parte, al deshuesadero. Así que podíamos comprar todos los Chrysler que no funcionaban por entre 35 dólares y 40 dólares, en tanto que por los de General Motors teníamos que pagar entre 75 dólares y 100 dólares. Yo podía ir a subastas y comprar un Dodge Polara siniestrado por 25 centavos por cada dólar que tenía que pagar por un Chevrolet. Así, comprábamos las piezas más baratas pero resultaban igualmente valiosas, sobre todo porque nadie más las vendía.

Antes de especializarnos, Curtis y yo manejábamos entre 3,500 dólares y 5,000 dólares al mes en piezas en Mather. Después de especializarnos, manejábamos cerca de 3,500 dólares diarios en piezas.

Asuma grandes riesgos para obtener grandes recompensas

Con el incremento de la demanda necesitábamos dinero para comprar más vehículos y seguir haciendo crecer la empresa.

Nuevamente recurrí a la prensa y leí algo acerca de préstamos de la Administración de Pequeñas Empresas (SBA, por sus siglas en inglés). Puse todo lo que tenía como aval para un crédito de 50,000 dólares, que entonces era una fuerte suma de dinero.

No me importó, porque sabía que iba hacer dinero. Tampoco en este caso se me ocurrió que pudiera fracasar. Una de las condiciones del préstamo es que todo el dinero debía invertirse en existencias, así que salí a comprar todos los vehículos que pudiese en las subastas.

Uno de los lugares habituales que visitaba era Bob's Tow Service (BTS) en Vallejo —una subastadora que vendía vehículos entregados por las aseguradoras. Si una persona sufre un accidente y su vehículo es declarado siniestro total, la aseguradora paga lo pactado y envía el vehículo a lugares como BTS para recuperar aunque sea una parte. BTS subastaba los vehículos a deshuesaderos o talleres, que los empleaban para aprovechar las piezas o repararlos.

Antes de obtener el préstamo solía invertir entre 2,000 y 3,000 dólares semanales en vehículos siniestrados en BTS. Pero después del préstamo, podía dedicar 10,000 dólares a la semana. Mientras tanto, Curtis vendía las existencias casi tan rápido como yo podía adquirirlas. "Estábamos en la prosperidad".

Como resultado, pedimos —y obtuvimos— una ampliación del préstamo para poder seguir comprando vehículos. Fue un punto decisivo para el negocio, ya que por primera vez podíamos crecer. Pero con tantos movimientos de inventario, necesitábamos una manera más eficiente de controlarlo.

La tecnología es su amiga

En aquellos tiempos, la gente mantenía sobre papel los registros de todas sus piezas. Nosotros fuimos los primeros del sector en informatizar el inventario —una idea de mi amigo y colega Marv Schmidt.

Invertí 110,000 dólares en comprar una enorme computadora de carretes —casi el doble de lo que entonces la mayor parte de la gente pagaba por comprar su casa. Los carretes medían 14 pulgadas de diámetro y guardaban toda la información de la empresa y sus existencias. Todas las noches se cargaban nuevos carretes para copiar la información. Así, acumulamos cajas y más cajas de carretes. Hoy en día, posiblemente, un iPhone podría contener casi la misma cantidad de datos.

Curtis recuerda que había gente que pensaba que estaba loco (o que era estúpido —o quizá ambos) por invertir tanto dinero en una computadora ¡para un deshuesadero! Pero nunca lo pensé dos veces en invertir en tecnología que nos ayudase a ser más eficientes. Al final, todo el sector acabó informatizándose una vez que vieron las ventajas que esa medida nos dio a gente como a Marv y a mí.

Por grande y rara que nos pareciese esa máquina entonces, la rentabilizamos con creces, porque nos permitió tener un panorama completo de la empresa y de su inventario, lo cual a su vez me permitió conocerla —y controlarla más a fondo— y ganar más dinero.

Por ejemplo, el sistema computarizado me permitía saber, tocando un par de teclas, no solo cuántas puertas de cada marca y modelo teníamos en el deshuesadero, sino también cuántas puertas derechas y cuántas izquierdas y de qué color eran. Si veía que teníamos muchas puertas del mismo lado y del mismo color, podía decidir ofrecerlas con descuento para mover el inventario. Pero, por ejemplo, si tenía una sola puerta derecha verde de un Volare, podía cobrarla más a mis clientes porque era más difícil de encontrar y podía justificar el precio con el tiempo, y el dinero que les ahorraba al no tener que buscarlas en otro lado o pintarlas. Esto nos permitió mover más piezas, más rápido, y maximizar los beneficios.

La computadora también nos permitió llevar un seguimiento de los artículos de mayor venta. Por ejemplo, después de informatizarnos nos enteramos que vendíamos grandes cantidades de guardafangos frontales derechos y puertas delanteras izquierdas —aunque nunca supe por qué. Eso me permitía velar por mantenerlos siempre en existencias. También empecé a desarmar puertas delanteras derechas —que no se vendían con frecuencia. De esta manera, al cliente que necesitase un cristal o el motor elevador —que no era necesario que fuese de un lado específico— podía venderle esos artículos, en lugar de las puertas que tenían peor salida. De este modo movíamos estas piezas, pero sin restarnos de otras ventas. Los clientes se sentían satisfechos porque no tenían que pagar por una puerta entera, y nosotros generábamos beneficio de unas existencias que, de otro modo, no habrían tenido salida.

También hice otras cosas por las que otros deshuesaderos se burlaron de mí... aunque no por mucho tiempo. Por ejemplo, todos los deshuesaderos de la zona de Sacramento habían acordado utilizar el mismo tamaño de anuncio —muy pequeño— en las Páginas Amarillas porque era bastante económico. Para mí eso no tenía sentido, por lo que contraté un anuncio de media página a todo color. Curtis recuerda que los competidores estuvieron furiosos conmigo durante una temporada porque tuvieron que hacer lo mismo para competir. Y así como yo aumentaba el tamaño —ellos lo hacían también. Yo quería seguir subiendo, y el resto tuvo que esforzarse por seguirme los talones.

Es bueno aprender del prójimo

Ahora que tenía la computadora para saber exactamente qué piezas necesitaba y cuáles iba a vender, utilizaba la información cuando David March —que tenía un deshuesadero especializado en Ford— y yo salíamos de compras por la Costa Oeste.

Entrábamos a un deshuesadero y yo veía que tenían cuatro motores idénticos por 500 dólares cada uno, y los compraba todos por 250 dólares cada uno. Ellos conseguían sacar existencias y obtener dinero por piezas que no vendían y nosotros conseguíamos una ganga.

También aprovechaba estos viajes para buscar en otros deshuesaderos ideas que pudiese implementar en Mather. Andábamos ávidamente a la caza de ideas, y a ellos no les importaba contárnoslas, porque no éramos competidores directos. De este modo aprendí muchas cosas que hacían y que daban resultado, o que no, como la manera de procesar el líquido anticongelante y los neumáticos en una época en que no existían normas para la protección del medio ambiente. Sus experiencias contribuyeron a mejorar nuestra empresa.

Aunque la empresa prosperaba, y Curtis y yo trabajábamos muy bien juntos, mi socio había llegado a una fase de su vida en que ya no quería trabajar tan duro. Tenía una nueva esposa y quería pasar más tiempo con ella. Me sugirió la idea de que trabajaría en la empresa durante seis meses del año, y que yo podía trabajar los otros seis meses, así cada uno tendría medio año de vacaciones.

Sin embargo, yo sabía que Mather vivía momentos gloriosos. Se me había ocurrido la idea de comprar piezas OEM (fabricante de equipo original) de Chrysler, y también ir a Taiwán a adquirir lámina de metal para carrocería. Y también pensaba en abrir un segundo deshuesadero especializado. Sin embargo, no podría hacer todo lo que quería trabajando solamente la mitad del año.

Fue así que ofrecí a Curtis comprarle su parte. Esa noche, cada uno volvió a casa y escribió una cifra —yo, cuánto estaba dispuesto a pagar, y Curtis cuánto estaba dispuesto a aceptar, por la mitad de la empresa. Al día siguiente nos mostramos las cifras y negociamos un acuerdo. Resultó ser que las cifras eran muy similares, con lo cual cerramos trato casi de inmediato.

Busque caminos para abrir puertas

Por esa época leí en una revista que Lee Iacocca se había convertido en el encargado de la dirección de Chrysler. Iacocca había sido anteriormente presidente de de Ford. Era famoso por haber sido responsable de la ingeniería del Mustang. También del Pinto, aunque seguramente preferiría ser recordado por el Mustang. Iacocca había llegado a Chrysler para intentar revivirla. Como parte de ese proceso, había decidido dejar de producir el Volare y el Aspen. Cuando me enteré, me di cuenta de que si cerraban las fábricas, posiblemente tendrían un sinnúmero de piezas de Volare y de Aspen que no iban a necesitar.

Igual que hubiese hecho mi padre, me dirigí a mi esposa, Joyce, y le dije: "Voy a Detroit, a ver al Sr. Iacocca y a ganar dinero".

Llamé a un amigo mío, Peter Kay. Peter era un coronel retirado de la base de la Fuerza Aérea de Mather, y un excelente cliente. Coleccionaba modelos Chrysler Imperial y Corvair, y siempre andaba a la búsqueda de piezas para su nuevo proyecto. Quería compañía en ese viaje, y a Peter le encantó la idea. Resultó ser todo un acierto. Peter me resultó muy útil.

Por ser, o haber sido, coronel, a Peter no se lo disuadía muy fácilmente. Nunca aceptaba un "no" por respuesta. Cuando llegamos a Detroit, muy pronto descubrimos que la cosa no consistía en aparecernos por el despacho de Lee Iacocca y reunirnos con él. Fue entonces cuando Peter entró en acción. Consultó quién era el jefe de compras de Chrysler en el directorio de la empresa. Luego mando a imprimir tarjetas falsas de presentación rápidamente. Así, volvimos a la entrada de Chrysler, pasamos por la recepción, le entregamos al recepcionista una tarjeta y le dijimos que teníamos una cita.

De hecho, era una gran mentira. Convincente, pero mentira al fin. Felizmente, el empleado echó un vistazo a Peter y supuso que sabía qué estaba haciendo. Seguidamente nos proporcionó tarjetas de visitantes y nos explicó cómo llegar a la oficina de compras. Pocos minutos después encontrábamos a la persona encargada de cerrar las fábricas.

A decir verdad, le preocupó bastante el hecho de que dos tipos de California consiguiesen pasar el control de seguridad y meterse en la oficina de compras. Sin embargo, el hombre aceptó sentarse a hablar con nosotros. Cuando terminamos, salí de allí con una lista de venta de todas las piezas disponibles en las fábricas que cerraban.

No es malo tener mucho de lo bueno —si lo consigue barato

No pude reunirme con Lee Iacocca, pero conseguí meter mi pie en la puerta para comprar las piezas originales de Chrysler. Aquel artículo en la prensa me abrió las puertas a un nuevo tipo de negocio. Pero, para ser franco, ni había imaginado en qué me estaba metiendo.

Había asistido a subastas toda mi vida, pero como aquella, a ninguna. Allí no pujábamos por uno o dos artículos a la vez. Se trataba de piezas de fábrica, así que pujábamos por cuatrocientos parachoques, ochocientos puentes traseros y dos mil doscientos guardafangos. O comprabas todo el lote, o ninguno. Era, definitivamente, jugar en otra liga.

Y allí estaba yo, con la lista en la mano. Me figuré que lo más acertado era empezar poco a poco. Quizá carburadores. Miré la lista y vi que tenían 3,000 carburadores de cuatro cuerpos y 2,000 de dos cuerpos. Bien, por entonces un carburador de cuatro cuerpos nuevo se vendía a 275 dólares, y uno de dos, a unos 150 dólares. Las piezas de fábrica eran nuevas. Pero, como eran nuevas, venían en jaulas hechas para las líneas de montaje, no en cajas para consumidores. Y, además de todo, eran para una variedad de años, marcas, modelos y motores.

Sabía que no me podía permitir pujar demasiado por unidad. No tenía tanta liquidez. Así que mi puja fue de 15 dólares por unidad por los de cuatro cuerpos, y 7.50 dólares por los de dos. Me suponía que, mitad de cuerpos, mitad de precio. En realidad, era una tontería, ahora que lo pienso. Pero, tonto o no, gané la puja.

Y poco después los tenía allí en casa. De verdad no esperaba ganar y de repente tenía allí todos esos carburadores. *Muchísimos* carburadores. Algo realmente abrumador. Pero también una enorme oportunidad. Estudié el asunto y me supuse que podía venderlos como mayorista a los demás negocios. Cobraría 110 dólares por cada uno y si me compraban diez, les bajaría el precio a 95 dólares. Así, obtendría una ganancia de 80 dólares. No estaba nada mal.

Clasificamos los carburadores y empezamos a venderlos. Pero cuando terminamos de ordenarlos, nos quedaban unos quinientos que no éramos capaces de identificar. Los números de serie no coincidían con ninguno de la lista de inventario de Chrysler, así que no teníamos ni idea de con qué motor encajaban. Los dejé aparte, suponiendo que más tarde decidiría qué hacer con ellos.

Las piezas se vendían bastante bien, así que volví a Detroit a buscar más. En esa ocasión tenía un poco más de tiempo, así que decidí visitar una fábrica de casas rodantes que Chrysler estaba por cerrar. Vender todas esas piezas para Chrysler me había convertido en uno de los ocho principales compradores del país, por lo que me dieron bastante libertad.

Me encontraba viendo las casas rodantes, cuando me topé con una pared llena de motores para casas rodantes International. Motores en perfecto estado, completos, salvo por una pieza —¡los carburadores! Comprobé el número de serie de esa pieza y me di cuenta que había resuelto aquel pequeño misterio. Tenía en mis manos quinientos motores de casas rodantes International. Antes de volver a Mather, mencioné mi descubrimiento a los chicos de International.

No pasó mucho tiempo y recibimos una llamada de quienes habían comprado aquellos motores International. Al parecer, necesitaban carburadores. Les vendí los quinientos carburadores, a 95 dólares cada uno.

Los negocios iban cada vez mejor y seguía prosperando.

Tras deshacerme de todo aquel inventario hice otro viaje a Detroit y decidí probar con los radiadores. Tenían aquellas enormes jaulas de madera, llenas de radiadores diseñados para los Volare, Aspen y

Córdoba. Como experto en el negocio de la chatarra, sabía que cada radiador contenía cobre valorado en 5 dólares, así que pensé que podía pujar 7 dólares por cada uno para llevarme el lote. De ese modo podría vender los radiadores, y de lo que me quedase obtendría al menos los 5 dólares del cobre.

Poco después apareció en Mather un camión cargado con quinientos radiadores. Los ordenamos y empezamos a venderlos. Sin embargo, un par de semanas más tarde apareció otro camión —lleno de radiadores. Eran muchos radiadores, y yo no los había comprado.

Llamé a Chrysler para averiguar qué había pasado.

Al parecer, mis contactos en Chrysler pensaron que también querría esos, así que los enviaron directamente, sin preguntar.

Aunque me sentí halagado, no tenía dinero para pagar por quinientos radiadores *más*. Era demasiado para pagar por adelantado, así que llegamos a un acuerdo con Chrysler para pagarlos en noventa días.

Dos semanas más tarde llegó otro camión, lleno de radiadores, sin haberlos ordenado.

Me ofrecieron pagarlos a seis meses. Me había convertido en el método favorito de Chrysler para liquidar piezas, y no me importaba.

Busque soluciones creativas

Empecé a vender tantas y tantas piezas nuevas de Chrysler que la propia Chrysler comenzó a tener algunos problemas. Los concesionarios de Chrysler habían montado en cólera porque, si querían un carburador de cuatro cuerpos para uno de sus vehículos, tenían que pagar 180 dólares para adquirirlos de Chrysler, con descuento. Yo vendía el mismo carburador por 110. dólares Y el problema era que los concesionarios no podían comprármelo a mí, sino recibir las piezas certificadas directamente de Chrysler.

Chrysler encontró una solución singular pidiéndome que me hiciese cargo de un concesionario de motores acuáticos de mi región que tenía problemas. Yo nada sabía de botes ni lanchas y así se los dije. Pero Chrysler me dijo que no tenía que preocuparme por eso. Todo lo que tenía que hacer, me explicaron, era poner las piezas en la tienda y ellos las venderían por mí. Pensé que no tenía nada que perder, acepté y así me convertí en un concesionario industrial, al menos en papel. Eso me permitió seguir comprándoles piezas baratas y vendérselas a los concesionarios de Chrysler, así como utilizar el nombre y el logotipo de Chrysler en mi negocio. Todo lo que tenía que hacer era enviar los motores marinos cada vez que Chrysler me enviase un pedido por fax. Incluso me daban una pequeña comisión por ello. Era un negocio bastante bueno.

MARINE & INDUSTRIAL SALES OFFICE

June 17, 1980

Mr. Willis Johnson
Mather Auto
4095 Happy Lane
Sacramento, CA 95826

Subject: <u>DIESEL DISTRIBUTOR CONTRACT</u>

Dear Willis:

Welcome to the Chrysler team - your fully executed
Industrial Diesel Distributor Contract is enclosed.

I feel that we will have many years of successful
association.

Your penetration of the diesel market in your area
looks encouraging.

Very truly yours,

CHRYSLER CORPORATION
MARINE DIVISION

L. D. CARUFEL
Sales Manager
Industrial Engines

LDC/spy
Encl.
cc: P. Kay
    J. Hummon

6501 HARPER AVE. P.O. BOX 2718 DETROIT, MICHIGAN 48288

La primera impresión es importante

En ocasiones, la mejor información se encuentra en frente de uno. Claro está, que hay que leer el periódico y estar en contacto con la gente del sector. Pero estar atento también hace la gran diferencia.

Crecíamos tan rápido que yo recorría toda California comprando vehículos para atender a la demanda. Estábamos haciendo mucho negocio con Chrysler, pero seguíamos comprando vehículos siniestrados por todo el estado y desarmándolos para obtener las piezas que no conseguíamos directamente. Solía volar con bastante frecuencia a LA para comprar vehículos. Un día, al pasar por San Francisco para tomar el avión, presté atención a los taxis del aeropuerto. Vi que los vehículos de las flotas de taxis Desoto, Luxor y Yellow Cab eran todos Volare y Aspen. Entonces pensé que si tienes una flota tan grande vas a necesitar piezas para tenerla en marcha. ¿Y quién era la persona ideal con la cual negociar piezas de Volare económicas? Decidí buscar a uno de los propietarios de la flota Desoto para hablar con él.

Nos sentamos y le ofrecí vender piezas a precio mayorista por 50 centavos por dólar para mantener su flota de trescientos taxis, siempre y cuando cada pedido fuese de al menos 500 dólares. Como no me conocía, decidió tantear el terreno empezando con un pedido pequeño. Es justo, pensé. Me hizo un pedido de unos 10 rotores delanteros, algunos brazos de control superiores, suspensiones y puentes traseros. Aunque el pedido no era lo grande que esperaba.

Preparé ese pedido yo mismo y lo entregué. El propietario, impresionado por la rapidez del servicio, hizo uno más grande inmediatamente —cien rotores delanteros, veinte brazos de control izquierdos y derechos, algunos brazos de control superiores, veinte puentes traseros y siete transmisiones. Este era el gran pedido que estaba esperando. Supe inmediatamente que eso me abriría las puertas a algo todavía mejor. En cada negocio, es fundamental tratar bien al prójimo. Como a uno le gustaría ser tratado. Y la primera impresión es importante.

Volví y cargué el remolque y el camión de reparto. Conduje yo mismo el camión hasta San Francisco. Cuando llegué a Desoto vi al propietario riendo y bromeando con otros dos que no conocía. Tuve un mal presentimiento. Temí que no aceptaran las piezas. Parecía que el trato se había arruinado y que había hecho el viaje en balde.

Bajé del camión y me dirigí al grupo. El propietario se giró y me dijo: "Willis, quiero que conozcas al dueño de Yellow Cab Company y al propietario de Luxor Cabs. Yellow tiene seiscientos taxis, y Luxor unos cuatrocientos. También ellos quieren piezas".

No lo podía creer. Volvía a "estar en la prosperidad".

Estudie el terreno

Hacía tantos negocios con las compañías de taxis que empecé a imprimir catálogos para ellas, y me empezaron a hacer tantos pedidos que tenía miedo de que se me agotasen las existencias.

Llamé a mi amigo Don Fitz, del deshuesadero de Chrysler en Seattle, y a Danny's Auto Salvage de Tulsa, Oklahoma, también especializado en piezas de Chrysler. Empecé a comprarles piezas para complementar mis existencias. No me importaba ayudarles porque no eran mis competidores directos y también porque me ayudaron a triunfar.

Poco después se produjo un descarrilamiento en Roseville, en las Sierras. El tren transportaba varios Chrysler LeBaron nuevos, así como algunos Cadillac y vehículos de General Motors. Había descarrilado debido a la nieve y todos los autos sufrieron daños.

Me enteré que los vehículos siniestrados habían sido transportados al depósito ferroviario de Roseville y me dirigí allí para verlos. Mientras que General Motors quería que todos los vehículos fueran hechos chatarra, Chrysler decidió subastar los suyos porque la compañía necesitaba el dinero. Los compré todos, unos cincuenta, y vendí los motores y transmisiones nuevos a las compañías de taxi. Mi temor a quedarme sin existencias ante la demanda de piezas quedó aliviado, al menos parcialmente.

Sin embargo, nunca parecía encontrar suficientes guardafangos, capós, parrillas y parachoques. Una vez más, encontré inspiración en un periódico después de leer acerca de la importación de lámina de metal desde Taiwán. Era un tanto irónico que fuese mi padre, que no sabía leer, quien me enseñó a buscar ideas en periódicos y revistas. Fue una lección que me sirvió toda la vida.

Me enseñó que había que estudiar el terreno y que si no estás al día sobre las ideas de los demás, nunca tendrás tus propias ideas. Es bueno aprender de los demás.

Después de leer acerca de la lámina de metal procedente de Taiwán, investigué un poco más y descubrí que era exactamente igual a la que se podía comprar en Estados Unidos, con una diferencia. Los orificios se taladraban de manera un tanto diferente, por lo que había que modificarlos ligeramente para que encajasen. Me imaginé que podía venderla si conseguía solucionar el problema —demostrar cómo arreglarlo. Pero a los talleres de carrocería y aseguradoras no les interesaba la lámina de Taiwán porque no estaban autorizados para utilizar piezas no aprobadas por la fábrica.

Eso me llevó a investigar más. Descubrí que el guardafangos de un Volare que podía vender por 180 dólares me costaría solamente 15 dólares en Taiwán. Se trataba de un margen de ganancia que no podía pasar por alto, por lo que volé a Taiwán, llevándome conmigo otra vez a Peter Kay como acompañante. Allí visitamos una naviera llamada Eastern Dragon, cuyo encargado me explicó que tendría que fletar un contenedor entero para transportarlo a Estados Unidos. Los contenedores eran gigantescos, así que los llené con quinientos guardafangos izquierdos, quinientos derechos, capós y parrillas. Desde la formalización del pedido hasta la entrega, el contenedor tardó seis semanas: carga, transporte, descarga y transporte hasta nuestras instalaciones. Pero tuve que pagar por él antes de zarpar del puerto. Eso implicaba tener que esperar para rentabilizar la inversión. Aprendí a sincronizar los envíos de tal modo que, si en cada momento tenía dos o tres contenedores en el mar, llegarían a Estados Unidos cada dos semanas. Entonces vendería las piezas a las compañías de taxis con pago inmediato. Fue una auténtica mina de oro. Otra vez volvía a "estar en la prosperidad".

No sea perezoso

No quisiera que se me malinterpretara. También tuve momentos no tan gloriosos. A todos nos pasa. En especial, hubo momentos en que pensaba que estaba comprando demasiado.

Por ejemplo, vi una convocatoria de ofertas para la compra de artículos ferrosos y no ferrosos procedentes de la División de Conexión Directa de Chrysler, su departamento de vehículos *hot rod* y *muscle car*. Me figuré que algo que venía de allí tenía que ser bueno, así que participé sin saber realmente qué compraba.

Básicamente, me volví perezoso.

Acabé comprando un camión entero por unos 2,500 dólares. Cuando el camión llegó, a última hora en la tarde, toda la gente, incluso yo, nos juntamos para ver qué traía.

Abrimos la caja del camión y encontramos muchos trozos de cartón, posiblemente de una pulgada de espesor, ocho de ancho y dos pies de largo. El camión estaba lleno, y durante un rato a nadie se le ocurrió qué podían ser. Entonces nos dimos cuenta —eran patrones. Patrones similares a los utilizados para cortar una camisa o un vestido. Se empleaban para cortar los paneles de madera de las camionetas van.

Había comprado un cargamento entero de algo que no tenía absolutamente ningún valor. Era mi versión de los Tampax que mi padre compró una vez pensando que eran compactos.

Joyce y todo el equipo empezaron a reírse de mí, y más todavía al verme enojado por mi error. Sin embargo, mientras seguíamos sacando los cartones del camión, uno de los muchachos hizo otro descubrimiento.

"Oye, Willis, creo que aquí he encontrado algo bueno", me dijo.

Los últimos seis pies de la caja del camión estaban repletos de motores Hemi: 340 motores y otras piezas de alto rendimiento, valoradas entre 25,000 y 30,000 dólares . Como eran tan pesados los habían colocado en la parte delantera, rellenando el resto con cartón.

Pues bien, en última instancia mis Tampax resultaron ser compactos. Fue un negocio con un final feliz, pero me enseñó algo muy importante: ¡nunca más compres cosas sin verlas antes! Después de ese episodio empezaron a llamarme "el suertudo". Afortunado, sin duda, por haber salido airoso después de haber cometido una estupidez como comprar algo de lo que nada sabía.

Mi cuñado, Mike James, no opina igual y me halaga. Cree que no es cuestión de suerte, sino la manera en que continuamente reflexiono y planifico —viendo oportunidades que otros no ven.

"Quizá no hayas tenido una alta educación y quizá no siempre utilices las palabras adecuadas en el momento adecuado, pero sabes lo que quieres y te empeñas hasta que lo consigues", dice Mike.

Pero yo sabía que el episodio del camión estuvo al borde de ser un fracaso. La suerte estaba de mi parte. Y Dios siempre me ha respaldado.

No se duerma en los laureles

Me parece que Dios siempre me ha guiado en la dirección correcta. Así sucedió en el caso de otro viaje que hice a Taiwán. Estando allí visité una empresa llamada Modine Radiator, que fabricaba radiadores nuevos a una fracción del costo de Estados Unidos. Cuando volví de Taiwán decidí abrir mi propia compañía de radiadores y la llamé Today Radiator. La abastecí con los radiadores que había comprado en

Taiwán, pagando por ellos 15 centavos por cada dólar que me hubiesen costado en Estados Unidos. Today Radiator era independiente de Mather y vendía al público y a talleres de carrocería desde una tienda en un centro comercial. A quienes compraban radiadores nuevos les hacía un descuento si entregaban los usados, los cuales reconstruía y vendía en Mather.

Mather continuaba triunfando. Pero yo estaba inquieto. Aunque Chrysler era por el momento la gallina de los huevos de oro, si Detroit seguía dejando de hacer autos y cerrando fábricas sería más difícil hacer negocios, porque habría menos gente que tendría vehículos Chrysler para reparar. Necesitaba otra fuente para hacer dinero en caso de que Chrysler se secase. No era momento de dormirme en los laureles.

En mis tantas asistencias a subastas de vehículos empecé a ver cada vez más camionetas pequeñas. La crisis del petróleo de 1973 había disparado la popularidad de vehículos de consumo eficiente de gasolina, como las camionetas Chevy Luv, Ford Courier y Datsun. Y en aquel entonces no había deshuesaderos especializados en tan singulares vehículos.

Al ver otra oportunidad, inauguré Mather Mini-Truck en West Sacramento. Un amigo mío que quería jubilarse tenía una concesionaria de carretillas elevadoras de unos dos acres, y me la arrendó. Utilizando el mismo modelo que me había dado tan buenos resultados en el pasado, opté por desarmar camionetas, y comercializar las piezas. Importaba lámina de metal desde Taiwán para llenar las existencias, y comuniqué a otros deshuesaderos que me estaba especializando, por lo que podían enviarme sus negocios de camionetas pequeñas.

Fue otro éxito instantáneo. A medida que el negocio crecía, las Datsun se convirtieron en Nissan, los Ford Courier en Ford Ranger, y el Chevy Luv se transformó en el S10. Pero mi éxito se mantenía constante.

Entretanto, Curtis había decidido que, después de todo, jubilarse no era una opción, y que necesitaba volver a ganarse la vida. Abrió su propio deshuesadero en Woodland, y seguimos ayudándonos uno al otro. También practicábamos una sana rivalidad, ya que con frecuencia pujábamos uno contra el otro en el Bob's Tow Service (BTS). Por entonces, las ofertas se presentaban en sobres cerrados, que se abrían al final del evento, muy parecido a una subasta silenciosa.

Siempre había un porcentaje de vehículos que nadie quería porque su único valor era el metal. Curtis solía ir a BTS y ofrecer 49.95 dólares por alguno de estos vehículos, mientras que yo, sin saber cuánto había puesto, ofrecía 51.95 dólares. Curtis y yo habíamos jugado al Monopoly y al Risk todas nuestras vidas, por lo que lo nuestro no era más que otro juego no verbal en el que cada uno intentaba ganarle al otro y ver quién se llevaba la chatarra.

También era amigo del dueño de BTS, Bob Kukuruza. En broma, Bob nos llamaba a Joyce y a mí los "Chicos de Dodge". Yo solía llevarle donas cuando acudía a sus subastas. Bob había estado semi-retirado durante un tiempo, dejando a sus hijos la sección de las subastas mientras él se dedicaba a los remolques. También compartíamos el mismo contador —Bob Stewart.

Los hijos de Bob Kukuruza habían decidido que ya no querían el negocio, y Bob consideró venderlo. Un día, mientras hablaba con Bob Stewart, Bob expresó que le gustaría conocer a alguien que quisiese comprarle el negocio. Bob Stewart le dijo que quizá a mí me gustaría, y me llamó para contarme la oportunidad.

Bob quería 1 millón de dólares —una cifra astronómica. Los camiones y tractores incluidos en la transacción no valían más de 100,000 dólares, y la transacción no incluía los terrenos. BTS generaba apenas 65,000 dólares anuales antes de impuestos vendiendo vehículos para aseguradoras como la California State Automobile Association (AAA).

Yo sabía qué podría hacer con esa compañía, cuán lejos podría llevarla. Ampliar mi negocio con una subastadora de vehículos me ayudaría a diversificar, pero solamente tenía sentido si las actividades eran compatibles. En los últimos años, Bob y sus hijos mantenían su negocio en automático, y yo creí que, cambiando el enfoque, el potencial de crecimiento era gigantesco.

Había una sola cosa que me preocupaba. AAA era la mayor vendedora de Bob, y yo era uno de los compradores más importantes.

Yo no quería comprar BTS y perder mi mejor fuente de vehículos ni —peor todavía, el motivo por el cual BTS perdiese su cliente más importante. Pedí a Bob que hablase con AAA y se asegurase de que no se oponían a que adquiriese la empresa. Manifestaron que aceptarían la operación siempre y cuando yo no tuviese acceso a las ofertas selladas. Las ofertas selladas se mantendrían cerradas, y solamente AAA tendría la llave para que el sistema siguiese siendo justo.

Acepté comprar BTS, pero no podía hacer frente a una transacción de esa magnitud yo solo. Así que llamé a mi amigo Peter Kay, el mismo que me había ayudado a contactar con el jefe de compras de Chrysler y que viajó conmigo a Taiwán. Peter me había expresado, más de una vez, que le gustaría entrar en el negocio, y esa me pareció la perfecta oportunidad. Cada uno de nosotros puso 50,000 dólares como adelanto para el pago. Pero Bob quería que pusiese a Mather como aval del resto del dinero. Pagaríamos lo que faltase en varias cuotas, con opción a comprar el terreno.

Le dije a Peter que, si iba a arriesgarme poniendo a Mather como aval, quería tener el control. Peter aceptó, y en noviembre de 1982 me convertí en propietario del 51 por ciento de BTS, mientras que Peter tenía el 49 por ciento restante.

Mi hermana Bonnie dijo que nunca olvidaría lo entusiasmados que estábamos Peter y yo. Estábamos entusiasmados por comprar una subastadora de vehículos siniestrados, y por estar expandiendo nuestro negocio de deshuesadero. Era un gran paso que cambiaría mi vida para siempre.

Busque buenos socios

Aproximadamente al mismo tiempo que negociábamos la compra de BTS, un amigo que era propietario de un deshuesadero en Grass Valley viajó a Los Ángeles conmigo y con Joyce para asistir a una feria comercial del sector, junto con su esposa. Mientras estábamos allí escuchamos, de boca de otros asistentes, acerca de un nuevo método para desarmar vehículos.

Me dijeron que se trataba de un concepto totalmente nuevo que había empezado en LA y que era realmente eficaz. Se llamaba Pick-A-Part. Cuando me fui enterando más, decidí dejar la feria e ir a ese nuevo deshuesadero. Los cuatro nos dirigimos a Pick-A-Part, todavía con nuestra ropa de la convención.

Lo primero que observé fue que el estacionamiento era gigantesco —de unos 3 acres. Ningún deshuesadero tenía tanto espacio para estacionamiento, porque ningún deshuesadero tenía tantos clientes. Pero este estaba lleno. La gente hacía fila y pagaba en la entrada 50 centavos solo para entrar —ni siquiera para comprar.

Me dije a mí mismo, *¡No sé lo que venden ahí dentro, pero quiero verlo con mis propios ojos!*

Nos pusimos en la fila, pero no quisieron dejar entrar a nuestras esposas con zapatos abiertos. Les buscamos otros zapatos en nuestras maletas, y allí fuimos todos, ellas con zapatos de hombre.

En el interior, todos los vehículos estaban alineados en plataformas, después de haber sido descontaminados. Los clientes buscaban el vehículo que querían, extraían ellos mismos la pieza que necesitaban y las llevaban a un remolque con ventanas a prueba de balas y hacían fila para pagar. Nadie les ayudaba, salvo para cobrar, con lo que los gastos administrativos eran mínimos. Y había al menos 800 clientes recorriendo las instalaciones.

Me dije a mí mismo, *¡Esto es fantástico! ¡Voy a hacer algo así!*

Ya olvidada la feria comercial, Joyce y yo regresamos al norte de California y empecé a buscar un lugar adecuado para mi propio centro de autoservicio de piezas. Lo encontré en 3A Auto Dismantling, en South Sacramento, cuyo propietario, Bill Aston, quería jubilarse. Le presenté la que empezaba a ser mi oferta estándar —un adelanto de 100,000 dólares y el resto en plazos con intereses. El terreno lo tomaría en arrendamiento, con opción a compra en 10 años.

El problema era que, de hecho, no tenía el dinero para gestionar BTS y el autoservicio al mismo tiempo. Sabía que se me acabaría el dinero si no era cuidadoso con lo que hacía. Pero yo quería los dos. Tenía que pensar cómo.

Había trabajado con una empresa llamada Horizon Advertising en Sacramento para crear los anuncios en radio y TV para mis otras tiendas, y había entablado amistad con sus dueños, Dick Nelson y Doug Behrle. También ellos me dijeron que les interesaría hacer negocios conmigo. Me parece que porque sabían que yo sabía hacer dinero. Así que les pregunté si querían ser socios míos en el negocio de autoservicio de deshuesadero que estaba por emprender. Estuvieron de acuerdo, junto con otro coronel retirado que conocía, Mr. Patton. También Joe Fazo entraría en el negocio. Los demás socios combinados tendrían el 49 por ciento, y yo el 51 por ciento restante.

Tras la compra de 3A Auto Dismantling nos pusimos manos a la obra para limpiarlo y abrir el nuevo negocio. Era un auténtico lote de chatarra, un verdadero desastre. Joe y yo pasamos mucho tiempo limpiando el lugar, incluso subastando lo que podíamos y hacíamos chatarra lo que no. También tuvimos que nivelar todo el terreno para crear el área de pago. Nos llevó un par de meses preparar todo y tener unos quinientos vehículos en exposición.

Mientras realizábamos todo este trabajo íbamos pensando qué nombre darle a la nueva empresa. No podíamos llamarla Pick-A-Part, como la de LA. Por último nos decidimos por el nombre U-Pull-It, y Dick y Doug se pusieron a preparar un plan de marketing. Pintaron todo de un color anaranjado brillante para llamar la atención de la gente, y encargaron camisetas U-Pull-It para regalar a los clientes en la gran inauguración. Horizon también contrató anuncios en la radio y en la prensa para anunciar una nueva manera de comprar piezas.

El día que se inauguró U-Pull-It acudieron más de ochocientas personas que pagaron 50 centavos para entrar. Todo el esfuerzo y los anuncios se habían pagado, y teníamos otro nuevo negocio exitoso en nuestras manos. Fue increíble la rapidez con la que despegó.

Aprenda de Wal-Mart

Lo que diferenció al modelo de U-Pull-It de todos los demás fue el enorme volumen de vehículos que podía mover. Me gusta considerarlo como el Wal-Mart de los deshuesaderos. Pero también era parecido a los primeros tiempos de Mather, por la gran cantidad de chatarra. Para mantener los precios bajos y ser capaces de captar grandes volúmenes, U-Pull-It se dedicaba principalmente a vehículos que habían llegado al final de su vida útil. Conseguía los vehículos publicando anuncios en la prensa que decían "Compramos su vehículo esté como esté". Lo que pagaríamos dependería de la distancia que tuviésemos que recorrer para remolcarlo y de la popularidad de las piezas de la marca y el modelo.

Las marcas y modelos más populares se exponían durante unos 30 días, en el transcurso de los cuales los clientes sacaban de ellos todo lo que querían. Los vehículos más populares podían estar unos 60 días. Al final del plazo asignado, lo que quedaba lo hacíamos chatarra y exponíamos los vehículos llegados más recientemente.

A 70 dólares la tonelada podíamos conseguir unos 140 dólares por un vehículo de 2 toneladas. Pero si aparte podíamos conseguir entre 100 y 200 dólares por sus piezas, duplicábamos los ingresos. Si multiplicábamos esas cifras por 100 vehículos diarios, ahí se generaban nuestros ingresos, porque no importaba en qué medida eran buenas o no las piezas que tenían. Si tienes 300 puertas de vehículos que normalmente harías chatarra y pudieses vender algunas de ellas por 5 o 6 dólares cada una, eso supone una gran diferencia.

Podíamos hacerlo también porque los clientes de un deshuesadero de autoservicio como U-Pull-It eran diferentes de los de mis otras empresas. Se trataba de gente con poco dinero y apenas tenían para subsistir. Necesitaban que sus vehículos funcionasen lo más económicamente posible para ir a trabajar, y en ocasiones los arreglaban ellos mismos. Por contrario, los clientes de Mather eran en la mayoría talleres mecánicos y de carrocería y pintura, gente que buscaba piezas de modelos más recientes en garantía y en las mejores condiciones posibles.

La mayoría de los clientes que llegaban a las puertas de U-Pull-It conducían vehículos bastante parecidos a los que había dentro. En algunos casos, alguno incluso cambiaba su vehículo por otro que tuviéramos y que estaba ligeramente mejor. Nos compraban un vehículo por 300 dólares, lo usaban hasta que apenas podía andar, y unos meses después lo traían de vuelta para venderlo por 50 dólares. Entonces volvían a comprar otro por 300 dólares. Era un método económico de tener un medio de transporte.

U-Pull-It también era un sitio popular para compradores de México, que llegaban con sus camionetas y se iban cargados de parachoques, radiadores y otras piezas que revendían del otro lado de la frontera. Solíamos ofrecerles un descuento si compraban piezas por más de 5,000 dólares.

El modelo de U-Pull-It era muy sencillo. No importaba en qué condiciones estaban las piezas. Todas las del mismo tipo costaban lo mismo. De esa manera, descargábamos la responsabilidad en el comprador, no en el vendedor. Era ventajoso para el cliente buscar las mejores piezas que pudiera ya que el precio el mismo.

Al final, U-Pull-It tenía tres fuentes de ingresos —la entrada, la venta de piezas y el metal. Por lo que a mí atañía, eran tres motivos más para que me gustase este negocio.

Pero también había un subproducto de esta actividad. Como muchos de los vehículos eran abandonados u olvidados, mucho de lo que quedaba dentro también había sido olvidado. Con todos esos artículos creamos una tienda de gangas: carriolas para bebés, carátulas de CD, prendas de vestir, etc. A nuestros clientes, siempre buscando ahorrar, les encantaban estas gangas, y para nosotros era otra fuente de ingresos.

Aproveche las oportunidades

Había oportunidades por doquier, y yo las aprovechaba. Cuando compré 3A Auto Dismantling para crear U-Pull-It, la empresa incluía un almacén de piezas y un taller de reparación de radiadores. Conservé el almacén y lo rebauticé Mather Auto Parts, para que quienes adquiriesen piezas en U-Pull-It pudiesen acudir a la tienda de al lado y comprar las juntas y otros artículos que necesitasen para instalarlas. Después trasladé el taller de reparación de radiadores y lo integré con el floreciente negocio de Today Radiator.

Todo prosperaba, ¡iba a toda máquina!, el deshuesadero especializado Mather Chrysler, la venta de piezas de camionetas, Today Radiator, Mather Auto Parts y U-Pull-It. También había decidido por otra rama especializada: piezas de vehículos extranjeros, cerca de U-Pull-It, con el ya conocido nombre Mather. Los vehículos extranjeros se habían ido haciendo cada vez más populares, y yo podía importar piezas desde Taiwán a precios muy económicos para los Datsun, Toyota y Ford. Junto con las piezas de vehículos extranjeros también vendía lámina de metal.

Pero todavía quería perfeccionar mis negocios, sobre todo en ramas especializadas. Empecé a publicar una revista acerca de los deshuesaderos, ofreciendo a las tiendas especializadas de la zona de Sacramento la posibilidad de contratar anuncios a página entera. También enviaba correo directo a talleres mecánicos, talleres de carrocería y compañías de seguro. No empecé a publicar la revisa para hacer dinero, sino para que fuese una herramienta con la cual captar más negocios.

Al principio la llamé *Specialized Magazine*, no era un buen nombre. Teníamos que pensar en algo mejor. Luego recordé que cuando era niño, en la granja, cómo los granjeros almacenaban juntos el grano en una cooperativa, y cómo otras empresas formaban alianzas similares para su mutuo beneficio. Dado que la revista era una cooperativa de comerciantes de piezas que la utilizaban con el mutuo beneficio publicitario, decidí llamarla *Copart*.

Poco tiempo después constituí la revista como sociedad limitada tipo C para protegerme ante demandas contra la publicación y para que su tributación estuviese separada de la mía. Pero entonces se produjo la recesión de mediados de la década de 1970, y los precios del combustible empezaron a subir considerablemente. Otros comerciantes especializados del sector empezaron a recortar sus gastos y suspendieron la publicidad, quedando *Copart* inactiva.

Tenía en mis manos muchos negocios, así que confié en buenos gerentes para mantener mis empresas en marcha. Puse a Joe a dirigir las actividades corrientes de U-Pull-It, en tanto que Peter Kay estaba al mando de BTS. Mi contador me recomendó pensar en constituir como sociedad también a BTS —para protegernos a Peter y a mí contra cualquier responsabilidad, y para mantener separadas nuestras obligaciones tributarias. Yo ya había pagado 600 dólares para constituir Copart y no la estaba utilizando. Para ahorrarme otros 600, dólares decidí aprovechar la sociedad tipo C ya constituida y cambié el nombre de BTS por Copart.

Resuelva sus propios problemas

Copart y U-Pull-It siguieron creciendo, prácticamente de manera simultánea. Con Joe Fazo decidimos aprovechar el impulso y conjuntamente con nuestros otros socios de U-Pull-It abrimos un segundo centro de U-Pull-It en Fairfield, California. Esta localidad estaba situada entre Sacramento y la Bahía. Joe se encargó de la mayor parte del trabajo de campo para asegurarse de que fuese igual al primer U-Pull-It. El objetivo era establecer un patrón según el cual cada centro de U-Pull-It tuviese el mismo aspecto, estilo y modelo comercial, fundamentos de una marca sólida.

Era evidente que U-Pull-It se estaba convirtiendo en la gallina de los huevos de oro, sustituyendo a Mather Chrysler como el más exitoso de mis emprendimientos. En el primer U-Pull-It dábamos salida a tantos vehículos que el Departamento de Vehículos Motorizados (DMV, por sus siglas en inglés) de California no se daba abasto.

Cuando adquiríamos un vehículo y cambiaba de propietario, el personal de la oficina tenía que rellenar manualmente la documentación exigida por el DMV. Esta documentación llegaba en grandes libros impresos que el DMV enviaba. Cada libro disponía de espacio para unas 25 transacciones de vehículos, de 3 páginas cada una. U-Pull-It movía unos 100 vehículos por día —o el equivalente a 4 libros. Para atender a nuestras obligaciones, teníamos que encargar plataformas de libros, y ni quiero imaginar cuánto dinero pagaba el Estado de California por imprimirlos. En ocasiones, los libros no nos llegaban a tiempo para mantenernos al día. Esto nos suponía una auténtica carga, porque la ley nos obligaba a rellenar la documentación de estos vehículos en un plazo de 24 horas. Aparte de tener que manejar todo ese papel, era necesario esperar los libros, y todo el proceso nos frenaba.

En lugar de esperar a que el DMV encontrase un método mejor, me dirigí a ellos para proponerles una solución. Buscaría el modo de crear formularios electrónicos e imprimirlos desde una computadora, eliminando la necesidad de que el DMV enviase los libros, con lo que ellos se ahorrarían dinero y nosotros tiempo valioso.

Invertí unos 40,000 dólares en estructurar el sistema informatizado para el Estado de California. Una vez terminado, podíamos rellenar todos los papeles necesarios desde una computadora, sin necesidad de esperar los libros. Agilicé todo el proceso, y fue un ejemplo de las ventajas de solucionar uno mismo los problemas en lugar de que otro lo haga por uno.

Willis Johnson

Procure estar en el lugar adecuado en el momento oportuno

Prácticamente en la misma época en que ampliábamos y mejorábamos U-Pull-It, abrí una segunda sucursal de Copart en Sacramento. Casi inmediatamente después de la inauguración se produjeron grandes inundaciones en Yuba City, por lo que pronto las nuevas instalaciones de Copart en Sacramento se llenaron con los vehículos siniestrados por el agua. No sé si era buena suerte, que Dios otra vez me protegía o ambas cosas: la cuestión es que volvía a estar en el lugar adecuado en el momento oportuno.

Copart crecía, pero U-Pull-It seguía siendo la estrella, y al segundo centro de U-Pull-It que abrimos le fue tan bien de inmediato que Joe y yo empezamos a hablar sobre la apertura de un tercer U-Pull-It.

Queríamos abrirlo en una zona de población de bajos ingresos, en la que la gente necesitase un lugar para buscar piezas para reparar ellos mismos sus vehículos. Me interesaba especialmente el área de Stockton, ya que consideré que el modelo de negocio de U-Pull-It encajaría en ella perfectamente. Pero Joe prefería un sitio más próximo a San Francisco, donde el costo de la vida —y el costo de abrir un centro de este tipo— era mucho mayor.

Me incliné a los deseos de mi socio, y nos pusimos a buscar terrenos en San Francisco. Sin embargo, dos semanas más tarde, Joe me dijo que quería liquidar nuestra sociedad. Quería marchar por su propio camino. No estaba enojado conmigo por nada. Simplemente, me dijo que no quería seguir siendo mi socio. Pude entender eso, pero estaba en una situación de poca liquidez después de haber abierto los dos nuevos centros como para comprarle su parte. Todo estaba en marcha y yo no quería perder el impulso.

Le dije que si no quería continuar la sociedad yo no tenía ningún problema. Pero no podía darle dinero. Podría irse si quería, y mantener sus acciones de la sociedad. Cuando vendiese la empresa, entonces obtendría su parte. Aunque si yo más adelante estaba en posición de comprarle su parte, lo haría. Pero si en realidad quería salirse del negocio, podía irse con sus acciones, pero no con dinero.

A Joe le pareció bien el arreglo. Sabía que yo seguiría haciendo avanzar la empresa, lo cual a su vez valoraría más el 27 por ciento de sus acciones. Pero lo que de verdad quería era seguir solo. Había vendido su propio deshuesadero en Grass Valley y tenía dinero para invertirlo en otra cosa.

Treinta días después, Joe abrió un autoservicio de piezas en Stockton, y lo bautizó Pick N Pull.

A mí no me importó, porque en nuestro ramo había mucho dinero por todos lados. Yo sabía que Joe quería ser su propio jefe y tener su propio deshuesadero, y lo entendía. Así que cuando hizo eso, decidí ir a Richmond, California, una ciudad de con una población de bajos ingresos al este de San Francisco. Me costó mucho, porque se encontraba en el área de la Bahía, pero supuse que estando tan lejos de Joe y de los otros lugares conseguiría hacer buenos negocios que compensasen los costos.

Valore la confianza de la gente

Antes de abrir el U-Pull-It de Richmond, AAA Insurance —el cliente más importante de Copart— decidió que quería abrir un centro de capacitación en Hayward, también en la zona de East Bay, donde también guardarían y subastarían vehículos. Debido a mi relación con ellos, recurrieron a mí para que les ayudase. Me pidieron que diseñase el centro de vehículos siniestrados y que lo administrara, para poder ellos concentrarse en la academia. Yo obtendría los beneficios del lugar, que solamente subastaría vehículos de AAA. A cambio, yo no cobraría tasas por almacenamiento a AAA en mis otros dos centros de Copart en Vallejo y Sacramento. Por otra parte, las nuevas instalaciones de Hayward ahorrarían a AAA los gastos de remolcar los vehículos desde la Bahía a Vallejo o Sacramento.

Era un trato justo para ellos, y también lo era para mí. Así, pues, llegamos a un acuerdo. Se ahorraron mucho dinero de remolque y almacenamiento, y yo amplié la presencia de la marca Copart, y la reforcé, sin ningún gasto.

El acuerdo también demostró la confianza que había establecido con la compañía aseguradora.

La separación es difícil, pero alguna vez nos llega el momento

Peter había estado dirigiendo con éxito Copart durante un par de años, pero empezaba a perder interés. Se aproximaba a los 70 años y quería retirarse. También era propietario de varios caballos de carrera, y cada vez pasaba más tiempo en los hipódromos. Entonces recibí una llamada de AAA, comunicándome que no habíamos pagado los vehículos que habíamos adquirido en las tres últimas semanas. Yo había escrito los cheques de Mather y U–Pull-It a Copart por los vehículos, y la secretaría de la oficina de Vallejos era responsable de hacérselos llegar a AAA, así que no sabía qué podía haber ocurrido. Fui inmediatamente a Vallejo a hablar con Peter.

Peter insistió en que los pagos habían sido realizados, y me dijo que iba a investigar el asunto. Eso me irritó, porque Peter tendría que haberse tomado la situación más en serio. Me quedé atrás y me dirigí al escritorio de la secretaria de la oficina, donde encontré los cheques en una pila, abrochados a facturas que nunca habían sido procesadas.

Al día siguiente le dije a Peter que si quería seguir dirigiendo la empresa tendría que hacerlo bien, y eso no era posible desde el hipódromo.

"Yo también he invertido mucho en este negocio, incluyendo mi nombre y mi reputación", le señalé. Le pedí que me dijese la cifra que considerase que valía su parte del negocio, y yo apuntaría lo que considerase que valía la mía. Al día siguiente compararíamos las cifras, y Peter tendría la opción de venderme su parte por su cifra, o comprarme mi parte por la mía.

"La decisión es tuya", concluí.

Cuando al día siguiente comparamos números, la diferencia era de aproximadamente 50,000 dólares. Pero anteriormente Peter había dado a sus hijos un 9 por ciento de su parte, y sus cifras no incluían esa parte. Le dije a Peter que tenía que ser todo el negocio, o nada. Al final, Peter optó por vender todo y dedicarse a sus otros intereses.

Acepte el cambio

Ahora como dueño absoluto de Copart, empecé haciendo otros cambios, incluyendo construir un nuevo edificio en Vallejo, que se convirtió en el cuartel general de Copart. También decidí cambiar el sistema de subastas de ofertas selladas —en las que la gente escribía su oferta en un trozo de papel— por subastas en vivo, en las que cada uno presentaba su oferta verbalmente ante un subastador. En aquellos tiempos, las subastas en vivo eran la nueva tendencia del sector, y yo había visto de primera mano el entusiasmo que generaban por los vehículos, y las ofertas más sustanciosas. Cuando los compradores escuchaban a otros pujar, se sentían más propensos a ofrecer más. Las subastas a sobre cerrado eran como disparar en la oscuridad, porque desconocían lo que ofrecían los demás y, por consiguiente, eran menos audaces.

También implanté un cambio dramático. Un día, durante una subasta importante, observé a unas 25 personas en el estacionamiento que querían entrar pero que no podían, porque no eran deshuesaderos con licencia —una norma legal para pujar por vehículos recuperados. En su lugar, habían pedido a deshuesaderos con licencia que entrasen a ver y pujasen en su nombre.

Tuve una idea. Llamé a U-Pull-It para que me enviasen por fax el formulario que usaban para que los clientes firmaran que asumían la responsabilidad. Cuando llegó el documento, taché el nombre "U-Pull-It" del membrete y puse "Copart". Seguidamente dije a las personas presentes que, si obtenían la autorización de un deshuesadero con licencia, podían entrar siempre y cuando firmasen que asumían la responsabilidad. Esto satisfacía el requisito legal. Cada invitado tenía que obtener el número de comprador de un deshuesadero autorizado para poder entrar, y el comprador era responsable por ellos.

El resultado fue que los compradores no profesionales hacían subir las pujas y creaban más competencia, lo cual se traducía en mayores ingresos.

Jimmy Meeks, mi amigo de toda la vida, se enteró de lo que estaba haciendo y se vio presionado a hacer lo mismo en el deshuesadero de su padre. El padre de Jimmy había tenido un deshuesadero en South Bay, y se decidió por especializarse en Chrysler, Dodge y Plymouth, después de conocer los buenos resultados que yo había obtenido. También siguió mis pasos abriendo South Bay Salvage, una subasta de vehículos. Más tarde, Jimmy convirtió el deshuesadero especializado en autoservicio y utilizó la marca U-Pull-It, entregándome el dinero de las entradas a cambio del uso del nombre U-Pull-It. Sin embargo, yo no tenía ningún otro vínculo con estas instalaciones.

Al padre de Jimmy no le gustaba el trato, y pensaba que pagarme todo el dinero de las entradas era demasiado. Pero el nombre U-Pull-It atraía unos 800 visitantes diarios, lo cual convertía al negocio en un gran éxito, aunque se fue contentando con el correr del tiempo. Jimmy y yo nos encontrábamos a tal distancia que no éramos competidores directos, y a menudo compartíamos ideas.

Convierta su negocio en Disneyland

La inspiración de crear nuevos servicios en mis compañías la obtuve de Disneyland.

Cuando era joven y fui por primera vez a Disneyland, vi que era más que un parque temático o un lugar de diversión. Para mí, Disneyland fue un modelo de creación de negocios dentro de otro negocio. Primero pagué una entrada para entrar al parque. Después, en el restaurante, pagué por mi comida y bebida. Más tarde dejé algunos dólares más en las tiendas de regalos. También pague los boletos a las atracciones. Cada cosa que hacía era un negocio distinto. Así que pensé *Muy bien, tengo que encontrar un negocio que disponga de varias fuentes de ingresos.* Disneyland me enseñó a crear esas otras fuentes de ingresos.

Cada vez que agrega una fuente de ingresos a la misma actividad, los márgenes de ganancia cambian drásticamente. Porque estás canalizando más recursos a través de la misma actividad central. Eso es lo que siempre intenté hacer en mis empresas, y fue el motivo de nuestro éxito.

Es importante enseñar el negocio a sus hijos

U-Pull-It creció al mismo tiempo que mis hijos. Cuando cada uno de ellos cumplió 16 años, yo les buscaba un vehículo siniestrado en alguno de los deshuesaderos y se los entregaba para que lo arreglaran y condujesen. Los niños tenían que poner la mitad del dinero —por cada dólar que ellos ponían, Joyce y yo poníamos otro.

El auto de Reba fue un Plymouth Arrow, vehículo recuperado de un robo que yo le ayudé a reparar buscando las piezas que le habían arrancado. Jason eligió una camioneta Chevy Luv chocada. Heredero de la afición de mi padre y mía por los coches, Jason la desarmó y volvió a armarla, agregándole un estéreo y otros caprichos. Tammi quería un Camaro, así que le encontré uno de 4 cilindros que había sufrido un incendio en su interior. En ese entonces mantenía negocios con un amigo de Portland propietario de un depósito de vehículos siniestrados. Le pedí que me enviase a California todos los componentes del interior de un Camaro de modelo más reciente, para Tammi, como parte de la transacción. Tammi tardó varios días en limpiar el interior del auto incendiado, sacando la alfombra y las piezas quemadas hasta quedar negra por el hollín. A continuación, Jason la ayudó a instalar las piezas limpias llegadas de Oregón.

Joyce y yo "estábamos en la prosperidad", disfrutando del éxito de todos mis negocios y esfuerzo. Conducíamos autos bonitos, teníamos una casa con piscina y podría haberme permitido comprar vehículos nuevos a nuestros hijos. Pero también habíamos pasado épocas duras. Queríamos que nuestros hijos aprendieran a ganarse el dinero, y a ahorrarlo, para entender su valor y respetar lo que suponía tener un vehículo. Pero también querían que aprendieran algo del trabajo que hacía su padre —del negocio que había sustentado a la familia todos esos años y que tan bien marchaba.

La familia es lo primero

Sin embargo, el gozo de mi éxito se vio ensombrecido por el empeoramiento de la salud de mi padre. Mi padre, que vivía entonces en Yuba City, había sufrido un ataque al corazón que lo llevó a beber menos y a empezar a disfrutar más de la vida. Había vendido todas sus empresas y se había reconciliado con todos sus hijos, quienes también habían aprendido mucho en todos esos años. A mi padre le encantaba viajar con mi madre, y solían llevarse la casa rodante a Nevada en invierno para disfrutar del clima más benigno. Además, sus articulaciones habían empezado a molestarlo, y el aire seco y cálido de Nevada le hacía mejor. Pero en uno de esos viajes el dolor fue tal que tuvo que llamarme para que fuese a llevarlos de vuelta a Yuba City. Volé inmediatamente allí y los traje de vuelta a California.

Al principio, los médicos le diagnosticaron lupus, pero sus tratamientos no surtían efecto. Mi padre estaba empezando a perder sus funciones motrices y ya no podía hacer movimientos sencillos —como rascarse.

Yo solía manejar a Yuba City dos o tres veces por semana después del trabajo para estar con mi padre —el hombre al que había admirado toda mi vida y con quien compartía tantos rasgos de carácter. Al final lo convencí de que viniese a Sacramento para consultar a otro especialista. Los médicos de Sacramento le diagnosticaron esclerosis lateral amiotrófica, o enfermedad de Lou Gehrig, un trastorno progresivo y mortal que provoca que sus víctimas pierdan la capacidad de iniciar y controlar todos los movimientos voluntarios, aunque ello no afecta su capacidad intelectual.

Mis padres se mudaron desde Yuba City a Sacramento, donde todos sus hijos podríamos estar cerca de ellos y ayudarlos a medida que la enfermedad avanzaba. Aproximadamente un año después, mi padre murió una mañana mientras dormía. Tenía solo sesenta y cinco años de edad.

Mi padre era un hombre que se había hecho a sí mismo. Para mí, era más grande que la vida, y me resultó muy duro perderlo. Los únicos problemas que tuvimos fue cuando bebía —aunque siempre fue un hombre honesto y trabajador. Y, desde mi punto de vista, no había nada que no pudiese hacer.

Después de su muerte me consolé cuidando a mi madre. De hecho, siempre había sido "el niño de mamá". Así que empezamos a ir juntos de vacaciones hasta que, en sus últimos años, se mudó a vivir con nosotros.

También me consolaba saber que mi padre se sentía orgulloso de lo que había logrado.

Creo que siempre admiró lo que había hecho. Sabía de qué era capaz, y siempre fue mi gran promotor. Me dijo que había comprado demasiados carburadores aquella vez que viajé a Chrysler. Y me dijo que había comprado demasiados vehículos. Siempre me había advertido que cualquiera puede comprar mucho de algo. Pero más tarde, cuando vio que sabía lo que hacía, creo que se sintió impresionado por mis aptitudes.

Lo impresionaba, especialmente el hecho de que hubiese comprado BTS. Mi padre conocía a Bob Kukuruza y siempre dijo que lo mejor que yo había hecho fue comprar BTS y meterme en el negocio de las subastas. Dijo que eso me llevaría lejos.

Aunque a mi padre le encantaban las subastas y toda su vida había recurrido a ellas para vender sus negocios y comprar unos nuevos, creo que nunca organizó una subasta propia. Siendo tan bueno con los números, no sé por qué no se hizo subastador profesional. Quizá fuese porque, cuando organizas una subasta, tienes que escribir todo y después irlo leyendo a medida que avanza la subasta. Creo que lo que siempre lo limitó fue no saber leer y escribir. Estoy seguro que era muy frustrante para él. Pero siempre le estaré agradecido de que me contagiase su entusiasmo por las subastas. Toda mi vida seguí usando lo que mi padre me había enseñado para hacer crecer el negocio más allá de lo que ninguno de los dos jamás hubiera imaginado.

CAPÍTULO 5

Lecciones que aprendí como maestro

Ese chico me perturba. Siempre está haciendo preguntas.

—Willis Johnson acerca de Jay Adair,
futuro Consejero Delegado de Copart

Dele una oportunidad a la gente

En 1989, un jovencito llamado Jay Adair acababa de terminar la secundaria y, para mi irritación, empezó a salir con mi hija Tammi. Bastaba que Jay viniese a casa a ver a Tammi para que yo inmediatamente tomase un libro y me fuese al baño para evitarlo. Para empezar, no me gustaba la manera en que miraba a mi hija. En segunda instancia… su energía. Parecía no poder estarse quieto —ni callado.

Pero Joyce, como siempre, se dio cuenta y me lo reprochó.

"¿Por qué ignoras a ese chico?", me preguntó.

"Ese chico me perturba", contesté. "Siempre está haciendo preguntas. Nunca sabe cuándo parar. No quiero hablar con él. ¡Quiere saberlo todo!".

Joyce me miró a los ojos.

"Escucha, si Tammi va en serio con él, y al parecer así es, no puedes seguir ignorándolo", me advirtió. "Dale una oportunidad".

Tenía razón. Y aunque lo cierto es que no me entusiasmaba, supuse que lo mejor sería intentar saber qué veía Tammi en él. Por mucho que pudiese desagradarme.

Pasó un tiempo, pero finalmente fue Ms. Pacman lo que rompió el hielo entre Jay y yo. Ambos somos muy competitivos, y podíamos pasarnos horas jugando la maquinita de Ms. Pacman que había comprado e instalado en casa. Las muñecas nos dolían de usar el joystick, y los ojos nos ardían de tanto fijarlos en la pantalla. Pero los dos éramos realmente buenos —y entre partida y partida comenzamos a apreciarnos.

Jay tiene una versión diferente de cómo nos hicimos amigos. Cree que mi historia de correr al baño para evitarlo es una exageración, y sostiene que nos caímos bien desde el principio. Dice que siempre me consideró genial y lleno de vida. Era un típico chico de la década de los 80, con botas de vaquero, pantalones Jordache, anteojos de piloto, cadenas de oro, al volante de un Corvette 1984, y escuchaba música country. Yo no intentaba ser "genial". Creo que Jay era joven y no captaba bien las cosas. Aunque, debo admitirlo, el Corvette era fantástico.

Hoy en día, mucha gente me considera el patriarca de Copart —lleno de madurez y sabiduría. Por eso me agrada que Jay me recuerde de esa manera y comparta esa imagen de joven osado que alguna vez fui. Jay afirma que en aquellos tiempos, me metía en todo a fondo —que era una bola de fuego. Creo que lo era. Pero aunque la edad y la sabiduría posiblemente me hayan apaciguado un poco, todavía no puedo quedarme quieto. ¿Qué gracia tendría ser así?

En aquel entonces solía mostrar a Jay fotos de Mather, U-Pull-It y Copart y hablar con él acerca de los negocios. Jay no se mostraba demasiado impresionado, sino más bien curioso y un tanto escéptico. No podía entender cómo alguien era capaz de hacer dinero con vehículos chatarras y piezas. Había crecido en un mundo para el cual los deshuesaderos no existían.

Jay se había forjado una sólida ética de trabajo a temprana edad gracias a su padre —igual que yo, gracias al mío. El padre de Jay era quiropráctico, también construía, y era propietario de edificios médicos. Ya a los 12 años Jay ayudaba a su padre en la construcción y aprendía sobre la marcha. Hasta hoy, la gente se mofa de la absoluta ignorancia que Jay tiene sobre los deportes. Creció demasiado ocupado en trabajar como para prestar atención a los deportes. Mientras que el hermano de Jay era capitán del equipo de fútbol americano, él tomó por un camino completamente distinto. Al parecer, en su familia, hacías dinero o jugabas al fútbol. Él eligió la primera opción. Creo que es otra cosa que teníamos en común, y algo que siempre he admirado de él.

Aunque le fuese ajeno, Jay parecía sentirse fascinado por mi mundo. Y creo que también alimentó mi pasión por los negocios. Tengo que admitir —el negocio del deshuesadero es contagioso y una vez que se contrae, no existe cura posible. Jay lo contrajo.

Creo que Jay y yo nos complementábamos y retroalimentábamos. Aunque al principio su energía me perturbaba, más tarde llegó a entusiasmarme. El decía lo mismo acerca de mí. Yo no era alguien que solía volver a casa a las siete de la tarde, con los hombros caídos como si hubiese estado otro día más trabajando en las minas de sal. Mi trabajo no me agotaba, sino que me cargaba de energía, me alimentaba. Y Jay quería ser igual.

Jay podía salir con Tammi por la noche, pero a las cuatro y treinta de la mañana estaba en pie para pasar el día conmigo aprendiendo del negocio. Aunque Jay estaba condicionado desde pequeño para levantarse en la madrugada, cinco y treinta o seis porque su padre lo llevaba a las obras de construcción, yo era todavía peor. Lo habitual era que yo estuviese saliendo de casa a las cinco de la mañana. Sin embargo, Jay lo hacía. Yo podía decirle un viernes en la noche "Viajo a Richmond mañana, y quisiera que vengas conmigo. ¿Quieres venir?" y Jay aceptaba. En la mañana ya estaba preparado, sentado en el auto, y charlábamos todo el trayecto.

Yo solía decir que Jay no paraba de charlar. Pero lo cierto es que posiblemente fuese algo bidireccional. Siempre me gustó soñar en voz alta y pensar en nuevas maneras de hacer las cosas, y Jay no solamente escuchaba con entusiasmo. También sabía formular las preguntas adecuadas —preguntas que a veces me llevaban a pensar en ideas todavía mejores. Era una excelente caja de resonancia.

Jay tampoco temía formular esas preguntas. Hoy suele decirme que, ahora que tiene su propia hija, no sabe si en mi lugar hubiese sido tan tolerante. Pero creo que es parte de la causa por la que nos llevamos bien. También me gustaba que no se acobardase ante mí, como algunos de los otros chicos que habían salido con Tammi. Tiene su gracia, porque lo que al principio me perturbaba de Jay fue más tarde lo que más me gustaba de él. Era directo, sincero y hablaba sin reservas.

Más tarde, Tammi me contó que un día, en broma, Jay le dijo que si no se casaba con ella, se casaría conmigo. Aunque de verdad no sabía si debía sentirme halagado por su comentario. Pero felizmente, Jay y Tammi contrajeron matrimonio, con lo que el dilema quedó resuelto y la amistad entre Jay y yo se hizo más estrecha.

Sea un buen maestro

Jay estudiaba, pero a mi lado estaba obteniendo una educación todavía más importante. Como yo cuando estaba junto a mi padre —con la diferencia que en este caso el maestro era yo. En un día normal solíamos pasar por el deshuesadero de Sacramento, tras lo cual íbamos a Fairfield y después a Richmond. Y entre uno y otro, comíamos en algún lugar, siempre conversando.

Al principio, Jay no era más que un ayudante para todo, como él se autodenominaba. Iba de un lado a otro llevando o trayendo y ayudando cuando se lo necesitaba.

Recorríamos las instalaciones y yo le iba señalando qué había que hacer y qué no, para que el negocio funcionase. Jay lo absorbía todo y aprendía rápido. Yo le señalaba los restos de un vehículo siniestrado y le explicaba qué valía y qué no y como las piezas más caras eran más difíciles de encontrar. Le contaba por qué me gustaban determinados motores que se dañaban más. Al principio, Jay no lo entendía. ¿Qué podía tener de bueno un motor que se daña continuamente? Y yo se lo explicaba: "Si no se dañara, nunca lo venderías. ¿Qué vas a hacer con un montón de motores que nunca se dañan?". Era una excelente curva de aprendizaje.

Mis propios hijos nunca demostraron el mismo interés por el negocio que Jay. Jason resultó ser el único que trabajaría en la empresa durante algún tiempo. Era muy parecido a su tío Curtis por lo de gustarle trabajar al aire libre —conduciendo montacargas, construyendo cercas y preparando el inventario de los vehículos. Pero nunca le gustó trabajar en una oficina, ni manejar hojas de cálculo. Jay era como yo, y disfrutábamos tanto de lo uno como de lo otro.

A Jason le encantaba reconstruir autos, y acabó teniendo su propia colección de *hot rods*. Nunca pudo concebir otro método para obtener un vehículo que reparar uno siniestrado. Lo aprendió del negocio y de mí. Pero nunca sintió pasión por el negocio de recuperación de vehículos. No tenía sentido intentar cambiar eso, ni tampoco nunca quise hacerlo. Hay que intentar hacer siempre lo que nos apasiona.

Conviértase en el socio más valioso de sus clientes

Mi indeclinable pasión por el negocio me ayudó a buscar nuevas maneras de innovar Copart. Una de las mayores innovaciones fue el Percentage Incentive Program (PIP, Programa de Incentivación Porcentual), que puse en marcha como prueba con Fireman's Fund —una aseguradora cliente de Copart.

Antes del PIP, los vehículos excesivamente dañados eran una desventaja para las aseguradoras, que tenían que pagar, en concepto de tarifas de remolque, de almacenamiento y de venta, cantidades que superaban de lejos el precio que podían obtener por un vehículo. Por ejemplo, por un auto quemado podían sacar apenas 25 dólares en una subasta por el metal. Pero lo que había que pagar por recogerlo, almacenarlo y subastarlo podía ascender a unos 200 dólares, lo cual implicaba que Copart podía acabar facturando a la aseguradora 175 dólares en lugar de enviarle un cheque por las ganancias.

Al mismo tiempo, yo veía el potencial de sacar más dinero por vehículos más nuevos que pudiesen repararse. Los vehículos más nuevos dañados en accidentes solían permanecer durante semanas en los talleres de carrocería y pintura, acumulando polvo y suciedad a través de las ventanillas rotas. Por otra parte, las grúas que recogían los vehículos de los accidentes, solían barrer todos los restos del siniestro y tirarlo sobre los asientos delanteros, destrozando el tapizado interior de piel o de terciopelo. *¿Y si pudiésemos limpiar estos autos —retirar la suciedad, pasarles la aspiradora y dejarlos otra vez limpios y nuevos (aparte de reparar los daños)?*

Resultarían más atractivos para los compradores y conseguirían más ofertas, empujando hacia arriba los precios, pensaba.

Sabía que podría conseguir más dinero para las aseguradoras si limpiaba bien esos vehículos, pero también que tendría que cobrarles por ese servicio. Ese era un problema, porque las aseguradoras no querrían pagar para limpiar un vehículo siniestrado. Para ellos no eran más que chatarra. Tendría que encontrar otra manera.

A título de prueba, propuse un trato a Fireman's Fund. En lugar de cobrarles las tarifas y tasas, me quedaría con un porcentaje del precio de venta del vehículo —el 20 por ciento de los más antiguos y más dañados, y el 10 por ciento de los más nuevos.

Eso suponía que, por un vehículo quemado que pudiese vender por 25 dólares, obtendría solamente 5 dólares. Pero podría compensar con creces las pérdidas de los vehículos muy dañados por el 10 por ciento que obtendría de la venta de vehículos más nuevos, que podrían repararse con mayor facilidad —especialmente si los limpiábamos y obteníamos más dinero.

Fireman's Fund quedó encantada porque obtenían rentabilidad al no tener que pagar los gastos de los vehículos muy siniestrados y obtenían mejores precios por los vehículos más nuevos. Y esa rentabilidad conllevaba ganancias para Copart.

Pero quizá lo más importante fue que el PIP representó un cambio significativo en el sector. Ahora, el subastador de vehículos siniestrados era socio de la aseguradora porque compartían el objetivo de sacar el mejor precio posible por cada vehículo, y además desaparecían las discusiones por las tasas y honorarios.

Poco tiempo después de iniciado el PIP con Fireman's Fund se produjo la ruptura de una importante canalización de agua en la zona de la Bahía, que inundó las instalaciones de muchos concesionarios y dañó sus existencias de vehículos nuevos. Los nuevos vehículos expuestos en los concesionarios estaban asegurados por Farmers Insurance —que también hacía negocios con Copart. Dado que los únicos daños que habían sufrido los vehículos habían sido los provocados por el agua, fue la oportunidad perfecta para ofrecer el PIP también a Farmers. Secamos los vehículos, los limpiamos y los vendimos con títulos de vehículo recuperado, pero con un aspecto de vehículo nuevo. El programa fue un éxito instantáneo porque generó una rentabilidad sin precedentes por los vehículos afectados por las inundaciones. Poco después vinieron otras aseguradoras. Jerry Waters, a quien había conocido en Geico, aceptó incorporar los vehículos de su compañía al PIP. Pronto, también él, veía incrementar su rentabilidad.

Sin embargo, el PIP también sufrió sus dolores de crecimiento.

También AAA Insurance entró en el programa, y entregó a Copart todos los vehículos que tenía en la región. Sin embargo, eso suponía que tenían que remolcarlos largas distancias, a veces desde Reno. Debido a que ya no les cobraba por el remolque, sino un porcentaje de los beneficios, los remolques de largas distancias se quedaban con gran parte de mis beneficios. Sabía que tenía que expandirme para poder seguir adelante.

Saque partido al talento heredado

En esa época empecé a pasar más tiempo en Copart que en las otras empresas. Joyce cree que, después de tantos años en el sector, el deshuesadero ya me aburría, y que Copart me presentaba nuevos desafíos y oportunidades. Tenía razón. Vi el potencial de abrir más centros de Copart en el norte de California, lo que me permitiría llegar a acuerdos regionales con aseguradoras como AAA para recoger todos sus vehículos de una región más amplia. Por otra parte, mis años como comprador me habían enseñado a ampliar nuestra base de clientes, lo cual a su vez contribuía a mejorar la rentabilidad.

Fresno me pareció una progresión natural para la implantación de Copart. Con instalaciones en Vallejo, Sacramento y Hayward, un centro en Fresno nos permitiría atender a una región más amplia para aseguradoras como AAA, y reducir la distancia de remolque. Pedí a Jay que viniese conmigo a Fresno a ver un deshuesadero que estaba en venta porque sus propietarios se jubilaban. Jay todavía no tenía ningún cargo oficial en la empresa, pero disfrutaba ir conmigo y ayudarme siempre que podía, por lo cual vino a Fresno. Al llegar allí, hicimos un trato y lo firmamos sobre el capó de un auto. El acuerdo incluía mantener a los empleados del lugar y capacitarlos para que funcionase como centro de Copart.

Cuando compras una empresa puedes heredar grandes talentos de ella. Dejar ir a personas talentosas no es una buena decisión de negocios. Aprendí a respetar a la gente que trabajaba en las instalaciones que fui adquiriendo, muchos de los cuales resultaron ser excelentes empleados que nos ayudaron a crecer y a prosperar.

No tema admitir que algo ya no funciona

Jay me ayudó a remodelar las oficinas de Fresno en un fin de semana —tumbando paredes, construyendo un nuevo mostrador, e instalando nuevos pisos. A Jay le interesaba Copart cada vez más, y empezó a preguntarme acerca de los aspectos financieros del negocio. Al igual que yo, también había visto el potencial de expandir Copart en California.

El verano después de su primer año en la universidad, Jay dejó de ser el ayudante para todo y empezó a trabajar conmigo en las oficinas de Copart. Pero cuando acabó ese verano, Jay no quiso volver a la universidad. Igual que yo, se había cansado de sentarse en un aula para aprender a hacer cosas, en lugar de hacerlas.

Jay me dijo que quería dejar la universidad y convertirse en hombre de negocios. Y quería que yo le enseñase cómo. Le entregué una escoba y le dije que empezara por barrer, el primer paso para ser un hombre de negocios. En la vida nada es gratis, y esperaba que Jay ascendiese en la empresa por sus propios méritos.

Jay tomó la escoba y puso manos a la obra. Y cuando le dije que aprendiese a conducir un montacargas, también lo hizo. La siguiente tarea que le encargué fue la de organizar el taller mecánico.

Resultó ser que toda tarea que Jay emprendía cambiaba para bien, por lo que empecé a confiar en él cada vez más.

Jay no solamente tenía iniciativa, sino también el instinto de mejorar las cosas. Mientas conducía el montacargas, descubrió un nuevo método para mover los vehículos de manera más eficiente simplificando los trayectos, con el consiguiente ahorro de tiempo y combustible. Estudió en qué gastaba dinero la empresa y buscó la manera de recortar costos.

Willis Johnson

Durante toda mi vida empresarial, cada vez que estrechaba la mano a la gente, pensaba mentalmente en qué categoría encajaría en la empresa. Llegué a ser capaz de juzgar correctamente a las personas, y lo que vi fue que Jay tenía la capacidad de hacer funcionar mejor las cosas. Y pensé, *Si puede hacer esto en el exterior, ¿en qué medida será capaz de mejorar las cosas bajo techo —en la oficina?* Porque se trata de algo que no todos pueden hacer. Hay quienes sobresalen en el taller, fuera de la oficina —pero que son incapaces de llevar la papelería necesaria para el negocio.

Así que encargué a Jay la difícil tarea de dirigir el departamento de registro y de perfeccionar todo lo relacionado al cumplimiento de las obligaciones impuestas por el DMV. Jay hincó los codos y aprendió a fondo todo lo necesario. Cambió el proceso y el flujo de trabajo, racionalizándolo, para agilizar el procesamiento de los títulos de propiedad, con lo cual fue posible cerrar las ventas más rápidamente.

Posteriormente, Jay empezó a gestionar el mostrador y el servicio de atención al cliente —una tarea natural para quien tanto gustaba de hablar con la gente. Fue de escritorio en escritorio, aprendiendo el trabajo de todos los empleados de la oficina y buscando nuevos métodos para simplificarlo y agilizarlo.

A Jay le entusiasma la eficiencia. Su punto fuerte es analizar algo y buscar una mejor manera de hacerlo. Y era algo que yo no solamente valoraba, sino que además fomentaba.

No suelo ser el tipo de persona que diría "Mira hombre, vengo haciendo esto desde hace veinte años y no me interesa cambiarlo". Nunca tuve problemas si alguien me decía que algo ya no funciona. Siempre busqué mejorar las cosas y perfeccionar los modelos.

Jay suele decirme que mi tendencia a fomentar el cambio es casi algo natural en mí. Siempre tuvo miedo de darme o que me dieran una mala idea y que yo mejorase algo que no era necesario mejorar.

Pero eso nunca me preocupó de Jay. Nuestra amistad se fue convirtiendo poco a poco en sociedad.

Ahora que Pete se había ido de Copart, descubrí que podía confiar en que Jay me ayudaría a dirigir el negocio, a tener tiempo a dedicarme a mis otros proyectos y a buscar oportunidades de crecer.

Piense en grande. *Realmente* en grande.

Después de su boda, Jay y Tammi continuaron lo que ya se estaba convirtiendo en tradición familiar de trasladarse a una casa rodante, y se instalaron en el centro de Copart en Sacramento para estar más cerca del negocio.

A Jay le encantaba lo que hacía, y quiero creer que le gustaba trabajar conmigo. Pero todavía no tenía decidido su futuro. El negocio era floreciente, pero no lo suficiente como para ir más allá de lo que yo pudiese manejar. A Jay le preocupaba que el crecimiento no fuese suficiente para seguir ascendiendo en la compañía.

En gran medida, la empresa era todavía un proyecto de una sola persona. Tenía gente en puestos directivos, pero de hecho quien llevaba la batuta era yo. Jay lo comparaba a la situación de alguien que tenía tres o cuatro ferreterías. El gerente era quien estaba allí la mayor parte del tiempo, pero era yo quien decidía que las llaves ajustables estuviesen en el pasillo quince porque ahí se vendían mejor.

Si la gente tenía algún problema me llamaba a mí directamente. Jay no veía la necesidad de que eso cambiase, incluso cuando Copart pasó de tener 4 instalaciones a 5, e incluso 6.

Jay recuerda que pensaba que Copart era un excelente negocio para un jefe, pero que no sabía si lo sería tanto para dos. Se preguntaba si podría asumir más responsabilidades y obtener más dinero para su familia. Así es como piensa un veinteañero ambicioso que empieza a construir su vida. Así es como yo pensaba a su edad, cuando decidí empezar mi propio camino y abandonar la empresa de mi padre.

A Jay también le preocupaba saber cómo iba a encajar, porque sabía que a mí me gustaba estar presente todos los días y hacer todo lo que hacía. Si él hacía más, ¿qué diablos iba a hacer yo?

Entonces ocurrió algo que lo cambió todo, disipando las dudas que Jay tenía acerca de si la empresa le daría lugar para crecer. Escuché de boca de Marv Schmidt que su mayor competidor, Insurance Auto Auctions (IAA), se había cotizado en bolsa y conseguido suficiente capital para expandirse rápidamente. Estaban tratando de engullir tantas subastas como podían, y se habían contactado con Marv para comprarlo.

Willis Johnson

A mí nunca me había interesado el mercado bursátil. La página de la bolsa de valores del periódico me era tan ajena como la de deportes, e igualmente útil. No tenía ni idea sobre cómo funcionaba Wall Street. Pero cuando me enteré que IAA estaba tomando decisiones susceptibles de afectar a mi empresa, decidí que era momento de que empezase a interesarme.

Marv me envió el folleto de la cotización en bolsa de IAA, y lo leí. Y volví a leerlo. Y otra vez. Aunque no entendí la mayor parte, hubo algo que entendí perfectamente: IAA no estaba produciendo la cantidad de dinero que yo pensaba que se necesitaba para cotizar en bolsa. Estaban endeudados. El cotizar en bolsa les permitía captar mucho capital, y ni siquiera tenían que devolverlo.

Por el otro lado, nosotros ganábamos dinero y no estábamos endeudados. Aunque yo nada sabía acerca de cotizar en bolsa, me figuré que si ellos podían, también nosotros. Nuestra empresa era mejor. Aproximadamente por la misma época tomé la decisión de seguir expandiéndome —en aquella ocasión en Bakersfield. Parte de mi motivación para ello fue llegar antes que IAA y afianzarnos allí.

El primer paso fue llegar a un acuerdo con la propietaria de un servicio de remolque y un deshuesadero, una señora llamada Donna que volvía a casarse y se mudaba. Donna era una fiera competidora de otra compañía de remolques de la ciudad. A mí no me interesaba lo del remolque —sino solamente el deshuesadero. Hice un trato y vendí todo el negocio de los remolques a su competidor, una decisión que la llenó de ira. Para empeorar las cosas, tuve que despedir a su hijo porque no trabajaba bien. Eso enojó a la hija, que dirigía la empresa y que también se marchó.

Son algunos de los aspectos negativos de comprar una empresa familiar. Hablé con Donna y le dije que seguíamos siendo amigos y que lo que tenía que hacer era olvidarse del negocio y ser feliz con su nuevo marido. Eso hizo, pero creo que siguió guardándome cierto rencor.

Fuimos con Jay al nuevo centro de Bakersfield para convertirlo al estilo de Copart. De camino a casa le mostré el folleto de la cotización en bolsa de IAA y le dije que yo también pensaba hacerlo.

Jay tampoco sabía qué era un folleto cotización en bolsa, y nunca había oído hablar de uno. Tampoco sabía que las pequeñas empresas podían cotizar en bolsa. Sabía lo que era una empresa cotizada en bolsa, aunque creía que tenía que ser una compañía multimillonaria, como la Exxon, para cotizar en bolsa. En otras palabras, estaba tan perdido como yo. Le expliqué qué es lo que se me había ocurrido después de leer el folleto tantas veces. EL cotizar en bolsa permitiría que Copart no solo creciese, sino que creciese mucho.

Hoy en día, Jay y yo bromeamos diciendo que IAA fue lo mejor que pudo ocurrirle a Copart, porque a pesar de ser nuestros competidores, de no haber sido por ellos nunca se nos hubiese ocurrido la idea de cotizar en bolsa.

Cuanto más hablábamos Jay y yo acerca del folleto, más nos entusiasmaba.

Me volví a Jay y le dije, "¡Creo que podemos hacerlo! ¡Coticemos la compañía en bolsa!".

El sueño de Copart acababa de hacerse más grande.

CAPÍTULO 6

Lecciones que aprendí de Wall Street

Era como una gran partida de Monopoly, jugada tan
directamente como se pudiera. Y sabía que íbamos a
caer en Park Place.

—Steve Cohan, Antiguo Director Financiero y consejero de Copart

Aprenda lo que desconoce

Es bastante fácil decir que va a cotizar su empresa en bolsa, incluso si
ignora lo fundamental para ello. En ese momento, lo que tiene que
conseguir es reunir a un grupo de gente que se encargue del proyecto.
Yo sé lo que no sé. También creo que es buena idea aprender todo lo
que pueda.

Llamé a un abogado amigo mío, con quien había trabajado antes, llamado Paul Styer. Lo conocí cuando acababa de graduarse de la
Facultad de Derecho y entró a trabajar a un despacho de abogados que
llevaba algunos de mis asuntos. Más tarde, cuando se independizó, me
hice cliente suyo. Se encargaba de la mayor parte de mis transacciones
inmobiliarias y a diferencia de muchos de sus colegas, no intentaba inflar
las cosas para cobrarme más. Si alguien podía hacerlo, era él. Era una
persona honesta y directa y yo confiaba en él. Le dije que quería que
viniese a trabajar para mí y ayudarme a cotizar Copart en bolsa. Creo
que tardó unos dos segundos en pensarlo. Eso me encantó. Odio esperar

y me gusta la gente capaz de decidirse. Más adelante, Paul me confesó que la práctica del derecho no lo entretenía y que estaba buscando una nueva aventura. Cotizar Copart en bolsa sería, sin duda, una aventura.

También Jay estaba conmigo y sabía que los tres podríamos formar un equipo fabuloso. Pero necesitábamos saber qué estábamos haciendo. Ninguno de nosotros tenía idea sobre cómo funcionaba el mercado bursátil, por lo que nos pusimos a hacer lo que yo en ese momento consideraba lo más adecuado. Fui a la biblioteca e intenté encontrar un libro que lo explicara.

Cuando no sabe qué busca, no es fácil encontrarlo. Busqué todo lo que pude pensar hasta encontrar un libro que me explicase todo lo que necesitaba saber. Nada. Realicé una búsqueda del término *OPI*, que había llegado a mis oídos. Me figuré que podría enterarme de algo. Pero no encontré nada. Acabé recorriendo tres secciones de la biblioteca, y al final, nada de nada. Frustrado, iba saliendo de la sección de negocios cuando vi a un hombre en traje curioseando por allí. No lo conocía, pero me dije que preguntar nunca está de más.

Le dije, "Estoy buscando un libro sobre OPIs. Pero no encuentro nada. ¿Sabe usted de alguno?".

Me miró. No sé qué pudo haber pensado, pero su respuesta fue, "¿Se refiere usted a una Oferta Pública Inicial?".

Y eso fue todo lo que necesité.

Busque expertos que le ayuden

Volví a buscar un libro sobre ofertas públicas iniciales y enseguida encontré uno. Uno pequeño —publicado por Ernst & Young— pero al menos uno. Empecé a leerlo y capté la idea general. Me quedó claro que el elemento importante que nos faltaba era un banquero de inversiones.

Yo no sabía mucho acerca de la banca de inversión. Todo eso me sonaba a palabrería de Wall Street, y al trabajar en una empresa de deshuesadero, nunca me había codeado con ejecutivos trajeados. Pero empecé a preguntar. Un abogado conocido de Paul nos sugirió a un tal Barry Rosenstein, quien se había ganado una reputación bastante buena en Wall Street.

Barry sabía un par de cosas acerca de los grandes negocios. En la década de los años 80 Barry había sido el encargado de adquisiciones de Asher Edelman. Oliver Stone se relacionó con él durante la fase de investigación previa a la filmación de *Wall Street*. Rosenstein había trabajado con gente como John Kluge, que alguna vez fue el hombre más rico de Estados Unidos, y con el multimillonario empresario inmobiliario Sam Zell y el financiero Carl Icahn. Tenía una gran capacidad para negociar tratos y para reunir a la gente adecuada.

Nuestros caminos se cruzaron en el momento perfecto. Barry se había mudado a San Francisco en 1991 para tratar de crear empresas, en lugar de comprarlas. Él y sus socios buscaban invertir en emprendedores con una gran visión y lo bastante valientes como para intentar concretarla. Su teoría era que existían compañías de sectores básicos que no tenían acceso al capital que les permitiese crecer. Uno de esos sectores era el de recuperación de vehículos.

Una cosa llevó a la otra, y poco tiempo después Barry llegó a Vallejo para conversar con nosotros. Lo hizo a bordo de su BMW, vestido con un traje elegante y zapatos bonitos sin calcetines. Con los modales y actitud de un neoyorquino. Intenté que se sintiese cómodo en el mugriento recinto, lleno de vehículos desarmados y perros. Le llevamos al edificio de metal prefabricado donde se situaba nuestra central y comenzamos a hablar acerca de Wall Street.

Años más tarde, Barry me confesó que la primera vez que se sentó allí, estaba convencido de que más bajo no podía caer. Pocos años antes era la estrella de grandes transacciones en Nueva York. En ese momento estaba sentado en un deshuesadero, en medio de nada, con un tipo con acento, pantalones de mezclilla, botas de vaquero y grasa bajos las uñas. Pero a medida que hablábamos empezó a entender que podría haber oro debajo de toda esa chatarra.

"Barry, la cuestión es esta. Yo no me dedico a comprar un bote de sopa por 29 centavos para venderlo a 49", le expliqué. "Tengo diez líneas de negocio diferentes, y todas creciendo continuamente. Considéranos como el sistema de alcantarillado local".

Entonces empezó a prestarnos atención.

"Somos un servicio público. Nadie puede deshacerse de nosotros —nadie. Dos de los sectores más importantes de la economía mundial son los fabricantes de vehículos y las aseguradoras"; proseguí. "Si las aseguradoras no suscriben pólizas de seguro de vehículos, desaparecen. Si los fabricantes no construyen vehículos, desaparecen. Siempre van a fabricarse vehículos, y siempre van a ser asegurados. Nosotros estamos en el medio".

Lo miré directamente a los ojos y le dije, "Mientras tengamos los terrenos en el lugar adecuado para colocar los autos, no podemos fracasar. Somos como las fosas sépticas del sistema de alcantarillado. El sistema no puede funcionar sin nosotros".

Tiempo después de nuestra primera reunión, Barry me contó que había llamado a su esposa para decirle que acababa de estar con el empresario más inteligente que jamás había conocido. No estoy seguro de eso. Mi padre es quien se merecía ese título. Lo que sí sabía era que, a pesar del hecho de que Barry y yo éramos tan diferentes y de que procedíamos de mundos tan distintos, nos entendíamos perfectamente. Barry era elegante, y yo poco refinado. Barry era de barrio alto; yo, de barrio y punto. Pero le gustaba mi manera de abordar los negocios, y a mí me gustaba su tenacidad. Íbamos a hacer negocios. E íbamos a ganarnos algún dinero.

A veces hay que arriesgarse

A pesar de que Barry ya estaba a bordo todavía existían varios obstáculos. Nos aclaró que no era necesario que Copart fuese una corporación multimillonaria para cotizarla en bolsa, pero que tenía que crecer hasta ser lo bastante grande como para despertar el interés de los inversionistas.

Barry nos dijo que podría captar 10 millones de dólares si podíamos demostrar que la compañía crecería con ese dinero. Pero que eso no sería fácil.

En primer lugar, Barry estaba empezando a ser mal visto por ayudarme. Me contó que todos sus colegas de Wall Street pensaban que estaba loco por darme dinero. Después de todo, yo no era más que el dueño de un deshuesadero y hablaba como un provinciano. No tenía un sistema de contabilidad generalmente aceptado, ni normas de información financiera. Pero Barry creía en mí, me aseguró. Veía en mí algo que lo convenció de que era un buen negocio.

No obstante, todavía tenía que explicarme a qué nos enfrentábamos.

Me dijo, "Willis, la cuestión es así. El 97 por ciento de quienes intentan cotizar en bolsa no lo consiguen. Tienes que recordar cuáles son tus probabilidades".

Yo nunca había sido una persona que jugase sobre seguro. Me gustaba asumir riesgos. En última instancia las probabilidades siempre resultaron siéndome favorables. Además, nunca pensé que algo no podría hacerse. En ningún momento se me pasó por la mente de que yo podría ser parte de ese 97 por ciento.

"Muy bien", le dije. "No tengo problemas con eso. Hagámoslo".

Barry empezó a concertar entrevistas. Me puso en contacto con John Goodrich, un abogado de Silicon Valley, y con Steve Cohan, un reputado contador. Nos reunimos por primera vez para cenar en Vallejo.

Llegué, coloqué el folleto de cotización en bolsa de IAA sobre la mesa y les dije, "Yo soy mejor que ellos".

Mientras disfrutábamos de chuletas de cerdo con salsa de carne, conseguí convencerlos.

Más tarde, Steve me dijo que admiraba mis principios y el hecho de que el fracaso no era para mí una opción. Pero que aunque me lanzaba, también estaba dispuesto a esperar para que las cosas saliesen como yo quería, sin atajos que no me fuesen convenientes ni venderme barato. John y Steve respetaban eso, lo cual yo apreciaba.

Además, John y Steve eran buenas personas. Recorrieron con nosotros un largo tramo. No eran como la gente con la que yo solía tratar, pero jugaban de manera honesta y ética. El asunto les atraía. Y todos resultamos beneficiados.

"Era como una gran partida de Monopoly, jugada tan directamente como se pudiera", me dijo Steve tiempo después. "Y sabía que íbamos a caer en Park Place".

Hable su propio idioma

A veces resulta fácil aparentar lo que uno no es —en especial cuando hay tanto en juego. Posiblemente podría haberme comprado un traje más elegante y haber aprendido algunas palabras difíciles para impresionar a nuestros interlocutores cuando saliésemos a cazar inversionistas. Pero mi madre me crió para que me sintiese orgulloso de ser quien era, y no darme aires. Por otra parte, ni soy tan buen actor ni quiero serlo.

A veces, la gente me subestima por mi manera de hablar, y porque me parezco más a un campesino provinciano que a un hombre de la ciudad. Esa gente solía acabar mal parada. No obstante, es un buen método para separar la paja del trigo —esos tipos de Wall Street que me miraban por encima del hombro, pensando que yo era menos que ellos por algún motivo. No lo sabían, pero mientras me juzgaban, yo también los estudiaba —para saber si estaban dispuestos a jugar limpio o si intentarían aprovecharse.

Mis allegados llaman mis "inusuales" giros del inglés como "willisismos", y no me importa. Es posible que no diga las cosas del mismo modo que la demás gente, pero eso es lo que las hace interesantes. Una vez, en una reunión con algunos banqueros de inversiones, quería explicar una situación inusual, o "aberración".

"Es un aborigen", dije erróneamente. Cuando los banqueros se fueron, me di cuenta de la equivocación. Me volví a Jay y le pregunté "¿Aborigen es uno de esos nativos de Australia?".

Jay asintió.

Qué iba a hacerle. De todos modos, al final entendieron a qué me refería.

Tenga cuidado con quién hace negocios

La mayoría de los inversionistas creían que todo consistía en que yo les gustase. Sin embargo, en mi caso ellos también tenían que gustarme a mí. No estaba dispuesto a hacer negocios con alguien solamente porque tuviese una chequera. Tenía que confiar en él —y para asociarme con alguien tiene que ser alguien con quien me sienta bien hacerlo.

La primera vez que Barry intentó conseguir capital, me senté en una mesa frente a posibles inversionistas que sabía que no era del tipo de gente con quién querría hacer negocios o asociarme.

Les miré a los ojos y les dije, "¿Saben qué? No quiero su dinero".

Y, seguidamente, me puse de pie y salí fuera.

De vuelta al deshuesadero, Barry estaba furioso. "¿Qué quieres decir con que no quieres su dinero?", me preguntó Barry con incredulidad.

Lo miré y le dije, "No me gustan".

Barry no podía creer que estaba manteniendo esa conversación. Lo seguro es que no era así como se llevaban las cosas en Wall Street. "¿Que no te gustan?"

Intenté explicárselo, "Mira, si voy a ganar dinero para alguien, tiene que caerme bien".

Yo me dedicaba a los negocios desde hacía mucho tiempo, y mi experiencia era que si no confiaba en una persona con la que estaba cenando, era casi seguro que no confiaría en ella mi reputación ni mi dinero. Y si no les confiaría mi dinero, de ninguna manera estaba dispuesto a ganar dinero para esa persona.

Intenté explicárselo a Barry, "No son buenos socios. No quiero hacer negocios con ellos".

A mí me parecía bastante sencillo.

"¿Pero es que quieres matarme?", preguntó Barry furioso. Se puso a dar vueltas por la oficina a grandes zancadas, y al final se tendió en el suelo.

"¿Barry? ¿Qué estás haciendo?", le pregunté, asombrado.

"Me estoy estirando la espalda, Willis. Eres un dolor de... espalda".

Confíe en sus instintos

Mientras intentaba buscar inversionistas de mi agrado y a formar mi equipo, también intentaba hacer crecer la empresa. Mi mayor competidor en la zona de Sacramento era un hombre llamado Bob Spence, propietario de dos deshuesaderos —uno pequeño en Pittsburg, California, y uno muy grande en Sacramento. Ambas instalaciones constituían una compañía llamada Sac Salvage. Bob llevaba todos los negocios de la aseguradora Allstate en la región, mientras que yo tenía a Farmers, AAA y otras compañías de seguros más pequeñas. Aunque yo tenía cinco centros, los márgenes de beneficios de Bob y míos eran similares, porque yo invertía mucho dinero en crecer. Además, compartíamos un rival común —IAA.

Decidí llamar a Bob para proponerle unir fuerzas. Si fusionábamos nuestras empresas y cotizábamos en bolsa, podríamos impedir que IAA consiguiese más negocios. Bob se mostró interesado, por lo que encargamos a Ernst & Young una evaluación independiente de ambas empresas, que concluyeron que el valor de ambas era prácticamente equivalente. Nuestro plan era fusionarnos para, a continuación, proponer a Jimmy Meeks que nos vendiese el centro de South Bay Salvage en San Martín. Y, seguidamente, procederíamos a expandirnos costa arriba hasta Portland.

Pero aunque Bob y yo parecíamos transmitir en la misma onda, yo tenía un extraño presentimiento. En parte se debía a que sabía que a Bob no le había gustado que yo hubiese empezado a formar un equipo para cotizar en bolsa antes de la fusión de las empresas. Bob quería poder elegir su propio equipo. Pero mi presentimiento iba más allá. Algo estaba ocurriendo a ocultas. No lo veía, pero lo sentía.

Mis sospechas crecieron cuando acudí a la oficina de un abogado para celebrar una importante reunión que sería el cierre del trato. Aguardé en la sala de espera durante bastante tiempo, pero Bob no dio señales de vida.

Por último, la esposa de Bob salió del despacho del abogado, con aspecto nervioso, y le pregunté qué pasaba. No me respondió. Entonces lo supe.

"Dile a Bob que esto se acabó", le dije. Y me fui.

Todavía no sabía qué era exactamente lo que ocurría, pero sí que no estaba bien. Ya no quería volver a negociar con él. Cuanto más lo pensaba, más tenía la sensación de que Bob estaba negociando a escondidas con IAA, así que llamé a mi viejo amigo Jimmy Meeks.

"Jimmy, déjame contarte qué estoy haciendo. Quiero cotizar mi compañía en bolsa", le expliqué, agregando que Bob y yo habíamos empezado a negociar, pero que todo había acabado. "Todavía quiero cotizar en bolsa, y quiero que sepas lo qué ocurrió, porque quiero ofrecerte comprar tu empresa".

Jimmy fue igual de sincero. "Mira, Bob estuvo aquí hace una semana y me dijo que quería comprarme. Incluso casi llegamos a convenir un precio".

"Bueno, entonces me parece que has cerrado trato", le respondí.

"No, no hemos cerrado el trato", replicó Jimmy. Fue música para mis oídos. Le pregunté si podía visitarlo para conversar con él, y Jimmy aceptó.

Yo había ayudado a Jimmy y a su familia permitiéndoles utilizar el nombre y el modelo de U-Pull-It para abrir un establecimiento propio, y les había ido bien. Jimmy me respetaba y sabía que podía confiar en mí, lo cual era mutuo.

"Jimmy, mira, realmente quiero comprar esta subasta de vehículos recuperados", le dije. "Pero no tengo tanto dinero como IAA. No puedo extenderte un cheque por tu negocio. Lo que sí puedo hacer es darte un adelanto, y acciones cuando coticemos en bolsa".

Técnicamente, los deshuesaderos eran del padre de Jimmy, pero él había confiado sus decisiones a su hijo. Jimmy me miró a los ojos y me dijo, "¿Sabes qué, Willis? Voy a cerrar el trato contigo".

A pesar de lo prolongado de nuestra relación, me sentí sorprendido. "¿Por qué cerrar el trato conmigo y no con IAA?", le pregunté.

"Porque te dije el precio y lo aceptaste, sabiendo que todo el dinero es de mi padre. No intentaste bajarlo y ofrecer tanto a mi padre, y otra cantidad a mí bajo cuerda para que aprobase el acuerdo. Como lo hizo Bob", reveló Jimmy.

Jimmy es la persona más honesta que jamás ha caminado sobre este planeta. No le gustaba hacer negocios con alguien que intentaba negociar a espaldas de su padre e intentar sobornarlo para convencerlo. Aunque Jim había ayudado mucho a su padre con los vehículos siniestrados, seguía siendo el negocio de su padre. Y el dinero que obtuviera iría a su padre. Ahora, si su padre decidía darle una parte de lo obtenido, sería asunto entre ellos dos.

Llamé a Paul y al día siguiente firmábamos el contrato. El padre de Jimmy le dio parte del dinero para ayudarle en su negocio, y Jimmy y su mujer, Sherri, vinieron a trabajar para mí para contribuir al crecimiento de Copart y cotizarla en bolsa.

Bob Spence llamó a Jimmy unos días después para preguntarle si estaba preparado para vender.

"Si quienes comprar South Bay, tendrás que llamar a Willis, su nuevo propietario", respondió Jim. La noticia sacudió a Bob quien posteriormente me llamó.

"Eh, Willis, quizá deberíamos conversar", empezó.

"¿Para qué?", le pregunté. Debo admitir que lo estaba disfrutando.

Bob me dijo que ahora estaba con IAA, y que les interesaba comprarme.

"Voy a aceptar reunirme contigo solo por los viejos tiempos, Bob, pero creo que no estoy interesado en vender", le expliqué.

Al día siguiente, cuando nos reunimos, le dije que la única manera en que consideraría vender es si se me nombraba Consejero Delegado de IAA.

"O me hacen jefe de todo, o no vendo", planteé.

Bob concertó una reunión con IAA en San Francisco, en la que me dijeron que podría ser Presidente, pero nunca Consejero Delegado.

"No. Si no soy Consejero Delegado y Presidente de la Junta de Administración, no voy a fusionar mi empresa", insistí. No quería que hubiese nadie por encima de mí que pudiese despedirme a voluntad en caso de un desacuerdo. "Caballeros, van a tener ustedes un competidor para siempre, porque no voy a vender".

Esa reunión con IAA solamente sirvió para alimentar más mi sueño.

No deje que su temperamento sea un obstáculo

Barry finalmente encontró algunos inversionistas con los que yo estaba dispuesto a hacer negocios, entre ellos a Willie Weinstein, un corredor bursátil de San Francisco que solía dirigir Montgomery Securities, y Bernard Osher, un conocido filántropo y ex propietario de Butterfield & Butterfield —la cuarta casa de subastas del mundo, que más tarde fue vendida a eBay.

Jay, Barry y yo nos reunimos también con Jim Grosfeld, que durante 17 años había sido Consejero Delegado de Pulte Homes antes de abandonar el cargo para dedicarse a la inversión privada. Necesitaba a alguien de su reputación y experiencia en la Junta de Administración de Copart, y también Jim estaba interesado en invertir en el negocio.

Nos reunimos todos en un restaurante —establecimiento que se había convertido en mi lugar favorito para este tipo de cosas, ya que las negociaciones siempre marchan mejor con el estómago lleno. Conté a Jim mis planes de cotizar Copart en bolsa. Hacia el final de la conversación, Jim me preguntó cuánto tenía previsto pagarme a mí mismo para dirigir la empresa. No recuerdo exactamente cuánto le dije, pero no creo que fuese una cantidad exagerada... Unos 100,000 dólares anuales, y un auto de empresa cada dos años. Pero Jim cuestionó la suma. "¿No crees que vas a pagarte demasiado?", preguntó.

Jay, todavía joven e impetuoso, perdió la paciencia.

"Pero, ¿quién se cree usted que es? Él es el dueño de todo. No necesita su mugriento dinero", dijo Jay. Interrumpí inmediatamente la reunión y me fui con Jay antes de cenar. Decidí que, después de todo, no necesitaba el dinero de Jim.

Poco tiempo después me llamó Barry. Ya me esperaba yo otro sermón y más lamentos por el dolor que le causaba.

"Caballeros, me están causando grandes dolores de cabeza", me dijo Barry. "Este hombre tiene mucho dinero que puede invertir, y ustedes no dejan de ponerme obstáculos ¡Así no puedo seguir! ¡No puedes dejar plantada a la gente que quiere darte dinero!"

"Mira, Barry, ya te lo he dicho antes. No voy a ganar dinero para gente que no me gusta. Puedo arreglármelas sin él", aseguré.

Una hora más tarde, Barry volvió a llamarme.

"Willis, Jim Grosfeld está encantado con ustedes, y quiere entrarle".

Y cuando Jim entraba, lo hacía a lo grande. Terminó siendo el mayor inversionista, aportando 4 millones de dólares.

Cuando volvimos a reunirnos con él, Jim parecía una persona completamente distinta.

"¿Por qué ahora estás tan simpático, y no lo estabas la última vez?", le pregunté.

"Bueno, la vez pasada estaba tratando de entrar en el negocio. Ahora que soy parte del negocio, somos amigos. Ahora estoy de tu lado, Willis", respondió Jim.

A partir de ese momento, establecimos una sólida amistad, que incluyó la incorporación de Jim como uno de los principales integrantes de la Junta de Administración de Copart. También aprendí que en ocasiones, es conveniente dar a la gente una segunda oportunidad. Y que muy pocas cosas valen la pena como para dejar la mesa enfurruñado.

Siempre tenga un Plan B

Al principio, los inversionistas querían tener el control de Copart (el 51 por ciento) a cambio de un préstamo de 10 millones de dólares. Pero yo conseguí negociar esa participación a un 26 por ciento —en parte gracias a las relaciones que había comenzado a establecer con Willie y Bernard. Además, les pagaría un 8 por ciento de interés anual, y tenía un plazo de 5 años para cotizar en bolsa y devolver la totalidad de la suma. De lo contrario, los inversionistas se convertirían en mis socios vitalicios.

Los 10 millones de dólares eran para demostrar que era capaz de hacer crecer la empresa, porque Wall Street no suelta su dinero a menos que puedas demostrar que puedes amasar más.

Otra condición del préstamo era que tendría que vender mi cadena U-Pull-It, que en aquel tiempo tenía tres establecimientos. Pensé que una compañía de chatarras sería el comprador ideal, ya que, en conjunto, los tres centros de U-Pull-It generaban unas 200 toneladas diarias de chatarra, una vez extraídas y vendidas las piezas.

Pero me mostré un tanto quisquilloso en cuanto a qué compañía vendería. Mi ex socio en U-Pull-It, Joe Fazo, se había aliado con Bob Spence, abriendo un deshuesadero de autoservicio en Sacramento que competía con mi centro de Stockton. Recientemente habían vendido esos deshuesaderos de autoservicio a Schnitzer Steel. En consecuencia, yo no hice negocios con Schnitzer Steel —y había optado por vender mi chatarra de metal a LMC (Levan's Metal Company —hoy Sims Recycling) para evitar cualquier relación con Bob. Me dirigí a LMC para venderles U-Pull-It, y llegamos a un acuerdo. Realizamos todos los estudios de impacto ambiental necesarios y, una vez que todo estaba listo, me reuní con Bob Lewon, Presidente de LMC y sobrino de Dick Levin, el propietario, para cerrar el trato.

Ya habíamos convenido el precio, yo había hecho todo lo que me habían pedido y estaban terminados los estudios de impacto ambiental. Entonces, cuando llegó el último día, me dijeron que todavía no estaban decididos. Que necesitaban más tiempo para que los directivos estudiasen más a fondo la cuestión.

Yo les dije, "No querrán ustedes que yo salga de aquí sin haber cerrado el trato". Pero me insistieron en que esperase. "Muy bien", repuse.

Sabía que LMC estaba regateando para que bajase el precio. Y ellos sabían que yo tenía un plazo para vender U-Pull-It para poder cotizar Copart en bolsa. Lo que no sabían era en qué medida estaba dispuesto a cumplir ese plazo. Después de salir de las oficinas de LMC, me dirigí inmediatamente a Schnitzer Steel, llamándolos en camino.

"Oigan, ya saben que voy a vender U-Pull-It a LMC", le dije a uno de los propietarios. "Bien, se echaron atrás. Están regateándome. ¿Quieren comprarme?".

Los propietarios me invitaron a reunirme con ellos ese día, pero que iban a llamar a Bob Spence porque conocía el negocio. Me negué. "Si quieren comprar, perfecto. Pero de ninguna manera voy a reunirme con Bob Spence".

Me reuní con los Schnitzers —sin Bob Spence— en un restaurante de Berkeley, y les puse los estudios de impacto ambiental, los informes y todo el papelerío sobre la mesa.

"Aquí está el contrato", les dije. "Los de LMC se echaron atrás hace una hora, y si ustedes lo quieren, pueden tenerlo. Pero firman ahora, o pueden olvidarse".

Los Schnitzer podían comprobar que había cumplido todas mis obligaciones, y que prácticamente todos los requisitos previos habían sido satisfechos. Aceptaron pagar 15 millones de dólares con una condición —querían mandar sus camiones a todos los establecimientos de U-Pull-It al día siguiente y empezar a retirar toda la chatarra de metal de los autos. Escribí esas condiciones adicionales en una servilleta.

"Firmen ustedes esto", dije, señalando el contrato y la servilleta, "y llamaré a mis gerentes inmediatamente para ordenarles que saquen a los camiones de Levan y permitan la entrada de los suyos".

Al día siguiente llamé a LMC para decirles que retiraran sus camiones de mis propiedades.

"¿Vas a vender a los Schnitzer?", me preguntaron.

"Ya lo he hecho. Son los nuevos propietarios", les anuncié.

Schnitzer cambió el nombre por Pick N Pull —una cadena de autoservicio que seguiría creciendo hasta contar con 47 establecimientos en EE.UU. y 3 en Canadá.

Yo tardé solamente un par de horas desde que no cerré el trato con LMC a vender a Schnitzer, demostrando otra vez que ni me gustaba esperar ni andarme con juegos.

Mi programa era más ambicioso. Necesitaba cotizar Copart en bolsa. No podía esperar. Felizmente, tenía un Plan B.

Sea flexible

Con Jim Meeks a bordo, 10 millones de dólares en el banco y ninguna compañía de la cual preocuparme, el próximo paso era saber hacia dónde dirigir a Copart. Quería ir a Oregón e intentar llegar a un acuerdo con Jim Dougherty, que tenía allí una subasta. Esto ampliaría nuestra presencia fuera de California, subiendo por la Costa Oeste.

Sin embargo, la negociación no iba a ser fácil. Jim Dougherty había sido propietario del centro de vehículos siniestrados en sociedad con Fred Hopp, un amigo mío. Cuando Fred decidió vender su parte a Jim, me pidió que hiciese una evaluación sobre cuánto debería pedir. A Jim no le gustó la cifra que estimé. En pocas palabras, Jim no era un gran fanático de Willis.

Cuando llamé a Jim Dougherty y su secretaria me dijo que estaba de vacaciones con Bob Spence, supe que tenía que cambiar de planes. Tomé conciencia que Jim iba a vender a Bob y a IAA.

En su lugar, decidí volver la vista hacia el sur. Conocía un antiguo centro de recuperación de vehículos siniestrados en Colton, California, que había quedado bastante destruido por IAA. Conocía al propietario,

Ron Cherry, y le ofrecí comprarle el negocio. Le arrendaría el terreno con opción a compra —sin adelantar ningún pago. Y, una vez que Copart cotizara en bolsa, Ron recibiría algunas acciones.

Ron quería irse. Perdía dinero y estaba cansado de luchar una batalla perdida contra IAA, por lo cual aceptó. De ese modo, Copart conquistaba su séptimo establecimiento.

Nunca tendrá demasiada gente adecuada

En 1993 Copart incorporó dos protagonistas fundamentales a su equipo ejecutivo —Gerry Waters y Russ Lowy.

Gerry, que fue uno de los primeros admiradores del programa PIP cuando trabajábamos con Geico Insurance, había llegado a ser un buen amigo en el transcurso de los años. Geico estaba por trasladar a Gerry fuera de California, y él no quería mudarse, por lo que me pidió un empleo en Copart.

Gerry subió a bordo y demostró ser un excelente activo, ya que necesitábamos ayuda en el frente de las aseguradoras y él tenía más de 20 años de experiencia en el sector. Poseía todos los conocimientos adecuados para responder acertadamente a la pregunta "¿Qué opinaría de esto una compañía de seguros?". Además, era muy meticuloso en el cumplimento de las normas, y muy eficaz en la implementación de sistemas y la especificación de procedimientos y reglas. Gerry empezó en ventas, pero en el transcurso de los años prestó numerosos servicios a Copart, incluyendo operaciones y proyectos especiales, hasta su jubilación.

Russ había trabajado en ADP, especializándose en marketing, obteniendo muy buenos resultados para la empresa. Pero poco después de que ADP perdiese un contrato, Russ fue despedido, junto con un grupo de personas que habían trabajado en la misma cuenta. El despido le dejó destrozado. Tenía 34 años, 2 niños y pensaba que había hecho todo bien. Incluso había sido galardonado con la pertenencia al prestigioso President's Club de su empresa.

Russ llamó a uno de sus contactos en el sector, que le contó acerca de la existencia de Copart. Russ terminó hablando conmigo por teléfono, y le dije que Copart era una pequeña empresa con un gran futuro que podría hacer buen uso de su talento. El fin de semana siguiente ya se estaba entrevistando con Jay. Jay le mostró a Russ un mapa de Estados Unidos. En él estaban marcadas con alfileres las siete localidades de Copart. Jay le indicó que pronto habría unos cien alfileres en el mapa, una vez que la compañía cotizara en bolsa.

Más tarde, Russ me comentaría que pensaba que Jay había estado fumando algo que no era tabaco. Venía de una empresa con una capitalización bursátil de 2,000 millones de dólares, y se encontraba en un lugar en el cual lo que se veía por la ventana era un depósito de chatarra. Jay tenía 24 años, y era un joven dinámico y un tanto altanero. Russ no estaba seguro si creer o no a Jay. Pero algo en su interior quería ver si Jay tenía razón.

Russ se convirtió en el primer vendedor oficial de Copart y con el correr del tiempo, ascendió hasta Director de Operaciones. Russ tenía excelentes dotes didácticas, lo cual lo convertía en la persona ideal para estructurar un programa de capacitación para el personal de operaciones. Russ y Gerry también colaboraron en la creación de la estructura de operaciones de la empresa, que incluyó el diseño de sistemas para pagar a las compañías remolcadoras y recibir los vehículos.

Nunca subestime la importancia de un apretón de manos

El siguiente paso de Copart lo dimos en Seattle. Con Jimmy Meeks queríamos asegurarnos un establecimiento en el Noroeste, y nos reunimos con una pareja mayor que tenía un centro de vehículos recuperados y que querían jubilarse.

El hombre era una persona realmente irascible —hasta tal punto que una vez que nos reunimos con él lo acompañamos al juzgado para que le devolvieran la escopeta, que le había sido confiscada después de disparar a un intruso en su deshuesadero.

Llegamos a un acuerdo para pagar 1.5 millones de dólares por el lugar y escribí los términos y condiciones en una libreta.

"Voy a pedirle a mi abogado que redacte el contrato y se lo enviaremos mañana, para que puedan firmarlo", les dije. Justo antes de irnos, Jimmy se volvió a la esposa, Mary.

"Mary, ¿tenemos un acuerdo, no?", le preguntó.

La mujer asintió. "Tenemos un acuerdo", respondió a Jimmy.

Y ambos se estrecharon las manos.

"Tu palabra es oro, Mary", siguió Jimmy.

"Sí, lo es", asintió.

Pedí a Paul que enviase el papelerío oficial al día siguiente. Sin embargo, tres días más tarde todavía no llegaban.

Llamé a Mary. "¿Qué pasa con el trato?", le pregunté. "¿Por qué no firmaron?"

Mary estaba preocupada. "Tengo un problema", me dijo. "Inmediatamente después de irse ustedes, aproximadamente una hora más tarde, los de IAA nos llamaron. Querían saber la cantidad por las que íbamos a venderles a ustedes, y cuando se lo dijimos, nos ofrecieron cien mil dólares más".

"Bueno, está bien, Mary", la tranquilicé. "Tache 1.5 millones de dólares en el contrato y escriba encima 1.6 millones de dólares, y envíelo. Entiendo que es mucho dinero y que ustedes lo necesitan. ¿Me lo manda entonces?".

Mary suspiró aliviada. Su conciencia estaba limpia y formalizamos el contrato. Ahora Copart estaba en Seattle, la primera localidad fuera de California. Con IAA ya en Portland, Seattle era un punto estratégico con capacidad de prestar servicios a toda la Costa Oeste. Si IAA hubiese llegado a Seattle antes que nosotros, hubiesen conseguido un monopolio. Por eso la ciudad era importante para nosotros.

Con todo, todavía necesitábamos estar presentes en Portland. Llamé a una aseguradora que tenía muchos clientes en Portland y les presenté una propuesta. Aceptaron pasarme algunos de sus vehículos si instalaba un centro de vehículos recuperados.

Después convencí a dos hermanos, propietarios de Ace Auto Wreckers, para que me arrendasen unos 5 acres para construir el centro de vehículos recuperados. Inicialmente, la aseguradora me proporcionó unos 5,000 vehículos anuales.

Mi siguiente parada fue el centro de vehículos recuperados de mi viejo amigo Marv Schmidt en LA. En aquel entonces, Marv no tenía previsto vender, pero cuando le dije lo qué estaba haciendo y cómo estaba luchando contra IAA, Marv aceptó un acuerdo que incluía una mitad en efectivo y la otra mitad en acciones. También aceptó ingresar a la Junta de Administración como ejecutivo de Copart. El historial de Marv en el sector reforzaría a mi equipo directivo.

No deje que (la falta de) el dinero lo detenga

Después de comprar a Marv se me agotó prácticamente todo el dinero. Los 10 millones de dólares que Barry había captado nos alcanzaron para casi duplicar el tamaño de la empresa. Pero necesitábamos más.

Yo había puesto la vista en Texas, donde IAA acababa de comprar Underwriters Salvage —una empresa con fuerte presencia en el Estado de la Estrella Solitaria. Yo sabía que no conseguiríamos posicionarnos en Texas, a menos que nos enfrentásemos a ellos en ese momento. No podíamos dejarles tomar ventaja.

Me reuní con un hombre llamado Ron Yates, que tenía sus instalaciones en Houston. A Ron no le gustaba IAA, por lo que aceptó venderme por 7 millones de dólares. El problema era que yo no tenía esos 7 millones. Así que volvimos a los inversionistas y les pedimos más. Los inversionistas vieron que habíamos conseguido crecer rápidamente y se mostraron dispuestos a ayudar porque entendían el potencial del negocio. Esta vez obtuvieron acciones y obligaciones (el derecho de comprar acciones un determinado precio hasta una determinada fecha) por los 7 millones aportados. Y así concretamos el acuerdo de Houston.

Había pasado prácticamente un año desde que habíamos decidido cotizar en bolsa. Y ahora, con 11 establecimientos en 4 estados, estábamos preparados. Las cifras reflejaban un negocio rentable y en crecimiento. Sin embargo, en Dallas había un enorme centro de recuperación de vehículos que estaba a la venta, y yo temía que IAA pudiese comprarlo.

Jay y yo viajamos para reunirnos con el propietario, Al Hartin. Al tenía como 80 años de edad y era un típico texano, sin que le faltara las grandes botas, el gran sombrero vaquero y el gran puro. Tenía incluso una gran oficina con grandes butacas con orejeras de oro.

Expliqué a Hartin mis planes de cotizar Copart en bolsa y por qué quería su establecimiento.

"¿Cuánto cree usted que vale?", le pregunté.

Hartin me salió con una respuesta que no era un gran precio, sino un *enorme* precio: "Veinte millones".

El predio era mayor que el de Houston, pero no tres veces más grande. No valía 20 millones. Jay estaba escandalizado. "¡De ninguna manera!", le dijo a Hartin. "¡Está usted loco!".

A pesar de ello, yo quería negociar. Hartin compraba y vendía acciones, y entendía el mercado —quizá mejor que yo. Sabía que si jugaba bien sus cartas, podía acabar el negocio con acciones con el potencial de duplicar su cotización. Yo también tenía un plan.

Propuse a Hartin fusionar nuestras compañías antes de cotizar en bolsa —con lo que resultaría más grande y atractiva. Si la oferta pública nunca se producía, retrotraeríamos la transacción y cada cual se quedaría con su propia empresa original. Pero si cotizábamos en bolsa, le pagaría con acciones. Lo de los 20 millones era una broma, y se lo dije —pero estaba dispuesto a darle un millón de acciones.

Cuando todo quedó dicho y hecho, Hartin acabó manteniendo sus acciones durante unos dos años, y las vendió por 40 dólares cada una —duplicando su precio original de 20 millones. Era un hombre inteligente. Es cierto que corrió un riesgo, pero ya conocía mi historial y sabía qué había hecho yo en el pasado. Y odiaba a IAA porque estaba engullendo a los independientes como él y distorsionando al sector. Y IAA era insolente —algo que lo irritaba. Siempre había sido el operador del centro de recuperación de vehículos más grande de EE.UU., y IAA le había tratado como si fuese un don nadie. Y si hay algo que debe saber de la gente de Texas, es que nunca haga eso. Estaba esperando con ansiedad una empresa como la nuestra. Y, una vez más, conseguí comprar un centro de recuperación de vehículos sin desembolsar ni un centavo.

No permita que las personas negativas lo desanimen

No obstante, había un problema. Formalizar el acuerdo de Dallas requería tiempo —lo cual nos obligaba a retrasar la cotización en bolsa unos dos meses. Eso era peligroso, considerando que la economía iba cuesta abajo cada vez más rápido. Además, nos habíamos esforzado por generar entusiasmo por nuestra salida, y retrasarla podría enfriar los ánimos.

Pedí consejo a Barry, quien me dijo que, en su opinión, valía la pena correr el riesgo.

"Serás más atractivo a ojos de los inversionistas con los dos mayores centros de subastas de Texas en tus libros", dictaminó Barry.

Había otro aspecto negativo de Wall Street contra el que tuvimos que luchar. Copart fue criticada por no tener a gente más educada en su junta ejecutiva. Ninguno de nosotros —Jimmy, Marv ni yo— tenía estudios universitarios. Como IAA acababa de cotizar en bolsa, algunos ni siquiera veían la necesidad de que hubiese otra empresa del mismo ramo en Wall Street.

Pero a pesar de los pesimistas, nunca dudé que Copart cotizaría en bolsa. Si IAA había podido hacerlo, yo sabía —estaba seguro— de que podríamos.

El siguiente paso fue contratar a otro banquero para que nos ayudara en la colocación. Anteriormente, Barry había negociado con Oppenheimer, uno de los más importantes bancos de inversión nacional, pidiéndoles que ayudasen a captar 20 millones de dólares adicionales. Para una compañía como Oppenheimer, habituada a colocaciones de 100 millones de dólares, era una cantidad pequeña. Oppenheimer no quería perder su tiempo con algo tan pequeño. Uno de los otros inversionistas privados de Copart —Howard Berkowitz, fundador de HPB Associates, una firma de inversiones neoyorquinas— acabó llamando a Oppenheimer para conseguir su aceptación.

Entonces llegó el momento de empezar el espectáculo— una cadena de presentaciones a potenciales compradores con el objetivo de crear interés en la compra de acciones de Copart. Barry y su gente se habían unido a Steve Cohen y a mí, a bordo de una limusina, para trasladarse de un banco a un grupo de inversionistas y luego a otro, para echar nuestro discurso.

Willis Johnson

Al principio no tenía idea de en qué consistía este método. Durante los primeros 5 minutos, Steve exponía los datos financieros, y a continuación yo tenía 25 minutos más para exponer mi historia y explicar por qué Copart iba a tener éxito. Al final de esa media hora nos levantábamos y nos marchábamos a la reunión siguiente, mientras que la gente de Barry se quedaban atrás para tomar pedidos. Cada hora teníamos una reunión con otros interlocutores. Y así —hasta diez por día. Y no solamente en Nueva York, sino también en Chicago, Denver y California. Un auténtico torbellino. Estábamos agotados. Era un ritmo enloquecedor. Pero teníamos que hacer lo que teníamos que hacer.

SUBJECT TO COMPLETION, DATED MARCH 8, 1994

2,000,000 Shares

COPART, INC.

Common Stock

All of the shares of Common Stock offered hereby are being sold by the Company. Prior to this offering, there has been no public market for the Common Stock of the Company. It is currently estimated that the initial public offering price will be between $10.00 and $12.00 per share. See "Underwriting" for a discussion of factors considered in determining the initial public offering price. Application has been made to have the Common Stock approved for quotation on the NASDAQ National Market System under the symbol "CPRT."

The Underwriters have reserved up to 200,000 shares for sale at the initial public offering price to certain of the Company's directors, officers and employees and other persons with direct business relationships with the Company. See "Underwriting."

See "Risk Factors" for a discussion of certain factors that should be considered by prospective purchasers of the Common Stock.

THESE SECURITIES HAVE NOT BEEN APPROVED OR DISAPPROVED BY THE SECURITIES AND EXCHANGE COMMISSION OR ANY STATE SECURITIES COMMISSION NOR HAS THE SECURITIES AND EXCHANGE COMMISSION OR ANY STATE SECURITIES COMMISSION PASSED UPON THE ACCURACY OR ADEQUACY OF THIS PROSPECTUS. ANY REPRESENTATION TO THE CONTRARY IS A CRIMINAL OFFENSE.

	Price to Public	Underwriting Discount(1)	Proceeds to Company(2)
Per Share	$	$	$
Total (3)	$	$	$

(1) See "Underwriting" for information concerning indemnification of the Underwriters and other information.

(2) Before deducting expenses of the offering payable by the Company estimated at $.

(3) The Underwriters have been granted an option by the Company, exercisable within 30 days of the date hereof, to purchase up to 300,000 additional shares of Common Stock at the Price to Public per share, less the Underwriting Discount, for the purpose of covering over-allotments, if any. If the Underwriters exercise such option in full, the total Price to Public, Underwriting Discount and Proceeds to Company will be $, $ and $, respectively. See "Underwriting."

The shares of Common Stock are offered by the Underwriters when, as and if delivered to and accepted by them, subject to their right to withdraw, cancel or reject orders in whole or in part and subject to certain other conditions. It is expected that delivery of the certificates representing the shares will be made against payment on or about , 1994, at the office of Oppenheimer & Co., Inc., Oppenheimer Tower, World Financial Center, New York, New York 10281.

Oppenheimer & Co., Inc.   **Genesis Merchant Group**
                                                      Securities

The date of this Prospectus is   , 1994

El trabajo arduo tiene su recompensa

El 17 de marzo de 1994, Copart estuvo preparada para negociar sus valores en el NASDAQ.

Yo estaba sentado en la sala de negociación de Oppenheimer, del tamaño aproximado de un campo de fútbol, esperando la apertura del mercado y que los banqueros del otro lado anunciasen que Copart salía a la venta. La campana sonó y se oyó el clamor: "¡Abre Copart! ¡Tenemos compradores, tenemos compradores!" Pero los banqueros callaban.

Yo estaba agotado. ¿Por qué no venden?

Barry, sentado con los banqueros del otro lado y viéndome, supo que tenían que empezar a moverse.

"Ustedes no entienden a este hombre", dijo a los banqueros. "Necesitamos abrir."

Y en cuanto llegué a la puerta, las acciones empezaron a negociarse. Los banqueros habían querido esperar a que se abriera a 10 dólares la acción, pero Barry insistió en que lo hicieran a 12 dólares. Abriendo a 10 dólares, los inversionistas hubiesen conseguido más dinero a medida que la cotización subiese. Pero el abrir a 12 implicaba que nosotros obteníamos más dinero por nuestra inversión. También habían vendido más acciones que las originalmente asignadas —lo cual se denomina una opción *greenshoe*. Una opción *greenshoe* permite a los suscriptores vender un 15 por ciento más de las acciones ofrecidas en una colocación registrada al precio de oferta si la demanda de los valores excede de la cantidad original ofrecida. La opción *greenshoe* es popular por ser un método, sin riesgos, de estabilizar la cotización de una acción de reciente emisión.

Jay describió la cotización en bolsa como la sensación más maravillosa del mundo. Yo había cedido el 26 por ciento de la empresa a cambio del derecho de tomar prestados 10 millones de dólares. Pero cuando Copart empezó a cotizar, cada una de las 6.5 millones de acciones circulantes fue valorada en 12 dólares. Eso situó el valor bursátil de la empresa entre 75 y 80 millones de dólares.

Pensándolo bien, me parecía increíble. Dos años antes estábamos conduciendo montacargas todo el día, y ahora Wall Street nos decía que valíamos ¡80 millones de dólares!

Willis Johnson

Cuando escuché que empezaban a negociarse las acciones, pude sentir todo el peso del mundo aliviándose de mis hombros. Todos los inversionistas que teníamos en ese momento eran titulares de acciones. Ahora eran accionistas, no socios. Había conseguido hacer realidad mi sueño. No le debía nada a nadie. No tenía que devolver nada.

También supe que Copart volvía a ser mía. Por aquel entonces tenía 3 millones de acciones, lo cual me convertía en el mayor accionista, propietario del 40 por ciento de la compañía. Podía hacer una de dos cosas —utilizar mis acciones para comprar otras empresas, o bien volver a Wall Street para conseguir más dinero. Ahora que Copart era una empresa cotizada, captar capital sería fácil.

De repente habíamos dejado de ser la empresa de papá y mamá. IAA ya no era la única empresa del sector que cotizaba en bolsa, y las aseguradoras nos miraban de igual a igual. Todo el mundo había cambiado. Al menos, la manera en que la gente de ese mundo nos veía. Ahora teníamos todo lo necesario para seguir creciendo, que para mí era lo más fácil.

Jay y yo solemos recordar el día en que él, Paul, Steve y yo compartimos la emoción cotizar en bolsa. Fue algo indescriptible. Parecía sacado de la película *Wall Street* —un montón de locos chillando, berreando, peleándose y diciendo groserías. Abrimos una botella de champán, y Jay recuerda entrar a una de las oficinas de la quinta planta del World Trade Center y mirar, a través de la ventana, a la Estatua de la Libertad.

Llegar allí había sido un camino prolongado y extenuante, y nosotros teníamos un aspecto extenuado. Yo estaba exhausto. Jay tenía un enorme fuego en sus labios. Estábamos hechos un desastre.

Según recuerda Jay, "fue una combinación de tensión y entusiasmo —como si te hubiesen empujado al escenario delante de una cámara después de haber ganado las loterías de Publisher's Clearing House Sweepstakes. Estás tenso, delante de toda esta gente, en el centro de la atención, con la emoción de haber ganado. Y pensábamos, ¡Caray!, *estamos cotizando en bolsa*. Pero no teníamos ni idea de lo que habíamos puesto en marcha".

CAPÍTULO 7

Lecciones que aprendí de la competencia

> ¿Piensas que si yo fuera de la mafia me estaría ganando
> la vida vendiendo estos autos chocados?
>
> —Richard Polidori, propietario de NER

Es importante que construya una marca

Copart, ahora una empresa que se cotizaba en bolsa, contaba con los recursos y la reputación necesarios para expandir su huella de manera que pudiéramos, no solo mantenernos al ritmo de IAA, sino también continuar teniendo la capacidad de proporcionar a las aseguradoras grandes un rango más amplio de servicio geográfico.

Antes de cotizar en bolsa, me había abordado Travis Fuller, el propietario de dos predios pequeños en Longview y Lufkin, Texas, para ver si me interesaba comprar su negocio. Lo dejé en suspenso hasta que nos cotizáramos en bolsa ya que no podíamos permitirnos otro retraso y los predios no eran lo suficientemente grandes para causar una impresión significativa. Pero ahora yo contaba con suficiente tiempo y dinero para cerrar el negocio —y expandir la presencia de Copart en el estado de la estrella solitaria.

Jay me dijo que ahora debíamos volcar nuestra atención a la Costa Este. Atlanta era un mercado especialmente fuerte, y en ese momento había un predio allí a la venta. Cerramos el negocio rápidamente. Entonces AAA Auto me pidió que me hiciera cargo de otro de sus establecimientos de capacitación en Sacramento. Debido a que el primero en Hayward había demostrado ser todo un éxito, acepté.

Mientras tanto, IAA seguía acumulando instalaciones en todo el país tan rápido como podía. Yo sabía, a raíz de mis negociaciones con Bob Spence, que su plan era adquirir el mayor número de lugares que pudiera y dejar que los predios siguieran funcionando como lo hacían antes de su adquisición, aun cuando esto significara operar en sistemas de computación separados y usar diferentes modelos de negocio. IAA se preocuparía más adelante de convertirlos en un sistema, una vez terminada su expansión.

Mi filosofía era muy diferente. Yo sentía que Copart debía crecer lentamente, adquiriendo ubicaciones estratégicas y luego convirtiendo de inmediato cada una al sistema y modelo de negocio de Copart. Jay ya era un experto en la conversión de predios —tomaba la delantera en cambiar las cosas en todos los establecimiento que yo había adquirido al prepararnos para cotizar en bolsa.

No era mi deseo crecer por crecer. Yo deseaba construir una marca. Mi deseo era que cualquier cosa que llevara el logo de Copart operara de la misma manera —que el sistema de computación, los precios, la manera de tratar a nuestros empleados fueran los mismos— para que así las personas comenzaran a relacionar nuestro nombre con una cierta manera de hacer negocios. Dedicamos tiempo a cambiar las cosas y cambiar a nuestros empleados y enseñarles nuestra manera de hacer las cosas porque en muchos casos, la manera antigua de hacer las cosas no había funcionado. Es por esto que los negocios habían tenido que ser vendidos. También pensaba que estaba mal el enfoque de IAA en seguir operando los predios recién adquiridos de la misma manera en que lo hacían antes. No estaban componiendo lo que estaba descompuesto en primer lugar.

Sea un rebelde

La compra rápida de establecimientos por parte de IAA causaba un efecto cuando Copart planificaba sus siguientes áreas de expansión. A menudo eran capaces de llegar a un mercado antes que nosotros, lo cual significaba que teníamos que ser creativos.

Ellos estaban especialmente enfocados en las grandes ciudades, entonces nosotros buscábamos áreas rurales. Lo bueno de esto es que es mucho más barato y fácil de operar un predio en un área rural. También hay menos competencia.

La junta directiva de Copart no estaba de acuerdo con mi enfoque. Su deseo era que creciéramos en la manera que IAA estaba creciendo —encontrando lugares en grandes ciudades como Chicago.

Decidí que mientras no se enteraran, no les afectaría. Le dije a la Junta que buscaría en Chicago, pero hice de todas formas lo que a mí me parecía mejor. Un predio en Chicago me hubiera costado entre 7 y 9 millones de dólares, mientras que predios más pequeños como Longview y Lufkin costaban entre 1.5 y 2 millones de dólares. De esta manera era posible tener más ubicaciones. Mi deseo era poder construir una red de ubicaciones para poder conseguir contratos nacionales. Mi deseo no era poder hacerme cargo de algunos autos de Allstate; los quería todos.

Aprenda a mantener la boca cerrada

Encontré un predio en la ciudad de Kansas. Mientras cerraba la negociación, descubrí que IAA estaba pisándonos los talones. Habíamos trazado un acuerdo con el propietario y estábamos en la ciudad de Kansas a punto de firmar los papeles cuando una secretaria entró y le dijo al propietario que tenía una llamada telefónica urgente. Pensé que algo había sucedido con su familia o en el predio. Pero luego regresó a la oficina riendo. Dijo que IAA lo acababa de llamar y que deseaban venir ese mismo día a hablarle sobre la compra de su compañía.

Seguimos con la negociación; IAA nunca se reunió con el propietario. Pero me di cuenta entonces que IAA tenía recursos para enterarse de alguna manera sobre mi siguiente movida.

Aprendí que no debía comentar nada a nadie sobre mis planes. Inclusive dentro de la compañía, tenía que ser cauteloso. La información busca maneras de filtrarse, y yo no quería que ellos se enteraran de mi negocio. No sé cómo lo hacían, pero eran muy buenos para hacerlo. A donde fuera que yo iba, ellos llegaban unos cuantos días después, intentando meterse en medio de mi negociación.

Vea más allá de los balances generales

Mis siguientes paradas fueron en Tulsa, Oklahoma; Bridgeton, Missouri; Conway, Arkansas; y Memphis, Tennessee. Los propietarios que me vendieron a mí no eran los mismos que le vendieron a IAA. En la mayor parte, Copart llevaba aún las de perder ante IAA, la cual había cotizado en bolsa dos años antes. Los representantes de IAA se presentaban en trajes y conduciendo limosinas. Yo me mostraba vistiendo botas de vaquero y conduciendo autos de alquiler. A algunos propietarios los deslumbraban las luces de IAA. A otros los desmotivaban. Pero para otros propietarios todo se reducía a lo esencial —quién pagaba más.

Yo tenía ahí la ventaja. IAA compró compañías al estilo Wall Street —basado en utilidades antes de impuesto o después de impuesto. Yo tenía mi propio método basado en cuántos autos se vendían en la subasta y en el valor del terreno. Yo sabía lo que no mostraba el balance general de una empresa familiar privada —que muchos de los propietarios de estos negocios usaban gran parte de sus ganancias para adquirir autos o pagar salarios y prestaciones a los miembros de su familia. Muchos de los negocios por lo tanto estaban subvaluados. Yo pagué un poco más por estos negocios, pero también tuve la capacidad de ver su potencial. Con mis sistemas de operación y modelo de negocios, yo también sabía que podíamos incrementar las ganancias casi instantáneamente.

La otra diferencia filosófica entre Copart e IAA era que IAA compraba los autos de las compañías de seguro, mientras que Copart cobraba honorarios para almacenar, limpiar y vender los autos. La ventaja de esto era que Copart podía limitar su responsabilidad y obtener un mayor porcentaje de ganancias por inversión, ya que ponía menos efectivo. La desventaja es que IAA podía demostrar más ingresos en sus libros, lo cual es visto por la gente de Wall Street como un mayor potencial.

Sin embargo, esto no me importaba porque sabía que a largo plazo, todo se trata de ganancias. En resumen: ¿cuál es el porcentaje que se gana en su negocio? Si logramos un 30 a 40 por ciento en comparación a un 10 por ciento, somos una compañía más fuerte.

No tenga miedo de nadar con los peces (gordos)

A medida que Copart e IAA se confrontaban buscando hacia dónde expandirse, se me atravesó en el camino un centro de recuperación de vehículos de la Costa Este llamada NER. El propietario de la compañía era Richard Polidori, un personaje que parecía salido directamente de *Los Sopranos*. Mascaba puros, se vestía con trajes de alta costura italiana, con camisas amarillas y corbatas rojas, conducía una limosina de negro intenso y volaba en un avión de color negro intenso. Era como estar en la Pequeña Italia.

Uno de los rumores favoritos (nunca se confirmó que fuera cierto) era que si alguien estacionaba en el lugar asignado de Richard en alguno de sus predios, él le dispararía a las llantas. Era un rumor que nadie se atrevía a poner en entredicho, ya que Richard encajaba perfectamente con el personaje.

Conocí a Richard y al resto de la Pequeña Italia en una convención en el sur de la Florida. Yo estaba allí con mi sobrino Rick Harris cuando vimos a Richard hacer su gran aparición en un helicóptero. Era dueño de veintitrés predios, así que era un gran apostador en estos círculos, y actuaba como tal.

Por supuesto, esto no me intimidaba. El hombre igual tenía que ponerse los pantalones de la misma manera que lo hacemos el resto de nosotros, así que decidí ir y presentarme ante el grupo NER. Mientras intentábamos romper el hielo, Rick hizo un comentario sobre sus bonitos relojes.

"Así es, todos tenemos relojes Rolex y conducimos Jaguares, y la vida es buena", dijo uno de los hombres de NER.

Rick respondió "Así es, yo tengo un Timex y conduzco un Fiesta. Pero la vida no es tan mala".

Eso hizo reír a todo el mundo y todos nos hicimos amigos.

Sea cuidadoso con quienes le escuchan

De regreso en California, le conté a Jay sobre la reunión con los Polidoris.

"Bueno, los rumores dicen que están vinculados", me dijo Jay, refiriéndose a la mafia.

"Ah, no te preocupes. Eso es para las películas". Le dije. "Para mí, todo esto es un programa de juegos. Tienen amarrado New England, y les está yendo muy bien. Solo se están divirtiendo, pero realmente son buena gente". Decidí abordar a Richard sobre vender NER. Sería algo bueno para Copart, no solo nos proporcionaría ubicaciones en la Costa Este, sino también casi duplicaríamos nuestro tamaño. Llamé a Richard, y quedamos en reunirnos.

Volé hacia la sede de NER y me senté en la oficina de Richard. Richard se sentó detrás de un gran escritorio con un pez espada igual de grande enmarcado en la pared detrás de él —un pescado grande para un pez grande.

A medida que conversábamos, me iba emocionando aún más sobre NER. Copart y NER eran casi imágenes en espejo una de la otra, solo que en diferentes lugares del país. NER tenía una flotilla de montacargas Fiat y operaba camiones International —igual que Copart. Ambos usábamos sistemas de control de inventario IBM y operábamos nuestros negocios de maneras muy similares.

Richard inclusive había pensado en cotizar NER en bolsa más o menos al mismo tiempo que lo hizo IAA, pero no tenía estómago para los banqueros de inversiones, dijo. Querían demasiado dinero y demasiado poder en la compañía que él había construido, así que nunca fue tras Wall Street.

Pero a Richard yo le caía bien, y estaba en un punto de su vida en el que deseaba atrapar más peces grandes iguales al que tenía detrás de su escritorio y dedicar más tiempo a sus asuntos personales. Recién había sobrevivido a un accidente grave de motocicleta y estaba teniendo que lidiar con problemas de salud consecuentes. NER también había llegado a un punto en donde para poder continuar creciendo debía hacer una inversión significativa en tecnología. El momento parecía ser el indicado para vender.

Entonces llegamos a un acuerdo —yo le pagaría 20 millones de dólares en efectivo y 20 millones de dólares en acciones por todas las ubicaciones, sin el terreno. Él entonces me alquilaría el terreno por diez años con opción a compra.

Básicamente nos dimos un apretón de manos para cerrar este trato, pero yo realmente no tenía el dinero. Yo había estado expandiéndome y estaba corto de dinero. Entonces tenía que pedirlo prestado, y detesto los préstamos. Le pedí a Richard que me acompañara a ir de gira a Wall Street para recaudar más dinero en una segunda oferta pública para pagar la deuda. Al mismo tiempo, él podría vender algunas de sus acciones. Él aceptó.

Ese día más tarde, sentados en la reluciente limosina Lincoln negra de Richard en busca de un lugar para comer, llamé a Jay por el teléfono del auto para contarle las noticias. Sin embargo, lo que no le dije a Jay fue que lo tenía en altavoz.

"Willis, me parece que son de la mafia. ¿Realmente queremos hacer negocios con estos tipos?", me preguntó Jay.

Está de más decir que me tomó por sorpresa su respuesta —y el hecho de que Richard lo escuchara. Hubo un momento de silencio fúnebre mientras yo trataba de ingeniarme qué decir. Fue el marcado acento italiano de Richard el que finalmente rompió el silencio.

"¿Piensas que si yo fuera de la mafia me estaría ganando la vida vendiendo estos autos chocados, Jay?" preguntó Richard.

Todos nos soltamos a reír. Pero también aprendimos una lección ese día —¡Cuidado con lo que decimos por el teléfono!

No espere que el negocio venga a usted

Ahora que todos estábamos en la misma sintonía —y que Jay tenía la certeza que Richard no iba a dejar una cabeza de caballo en su cama mientras dormía— Paul Styer tomó un vuelo para venir a preparar los documentos. Paul y yo estábamos definiendo los detalles finales del negocio en una de las salas de conferencias de NER cuando Richard me llamó para que fuera a su oficina.

"Escucha", me dijo Richard, y activó el botón del altavoz. Era un representante de IAA llamando. Le estaban preguntando a Richard si podía reunirse con ellos en Nueva York para hablar sobre la venta de su compañía a ellos.

"¿Quieren que vuele a Nueva York para reunirme con ustedes?", les preguntó Richard, con su recargado acento italiano.

"Sí, realmente es necesario que vuele y se reúna con nosotros aquí. Queremos hablar con usted", dijo el representante de IAA.

"Bueno, esta semana no puedo, posiblemente la próxima semana. Llámeme cuando usted llegue a Nueva York, y quizás me aparezca por allá y nos reunamos".

Richard colgó el teléfono y externó su pensamiento.

"Ellos quieren algo de mí, y quieren que yo vaya para allá?" dijo con incredulidad. "Creo que no me conocen".

Richard y yo nos reímos y reanudamos el cierre de nuestro negocio. El 2 de mayo de 1995, Copart oficialmente compró NER, adquiriendo veintitrés ubicaciones, lo cual constituye la más grande adquisición de la compañía en la historia.

1,650,000 Shares

Common Stock

All of the shares of Common Stock offered hereby are being sold by the Company. The Company's Common Stock is traded on the Nasdaq National Market under the symbol "CPRT." On May 17, 1995, the last reported sale price of the Common Stock as reported on the Nasdaq National Market was $19.25 per share. See "Price Range of Common Stock" and "Principal Shareholders."

See "Risk Factors" for certain information that should be considered by prospective investors.

THESE SECURITIES HAVE NOT BEEN APPROVED OR DISAPPROVED BY THE SECURITIES AND EXCHANGE COMMISSION OR ANY STATE SECURITIES COMMISSION NOR HAS THE SECURITIES AND EXCHANGE COMMISSION OR ANY STATE SECURITIES COMMIS-SION PASSED UPON THE ACCURACY OR ADEQUACY OF THIS PROSPECTUS. ANY REPRESENTATION TO THE CONTRARY IS A CRIMINAL OFFENSE.

	Price to Public	Underwriting Discounts and Commissions[1]	Proceeds to Company[2]
Per Share	$19.25	$1.01	$18.24
Total[3]	$31,762,500	$1,666,500	$30,096,000

(1) The Company has agreed to indemnify the Underwriters against certain liabilities, including liabilities under the Securities Act of 1933. See "Underwriting."

(2) Before deducting expenses payable by the Company of $750,000.

(3) The Company has granted to the Underwriters a 30-day option to purchase up to 247,500 additional shares of Common Stock solely to cover over-allotments, if any. If the Underwriters exercise such option in full, the total Price to Public, Underwriting Discounts and Commissions and Proceeds to Company will be $36,526,875, $1,916,475 and $34,610,400, respectively. See "Underwriting."

The shares of Common Stock are being offered by the several Underwriters named herein, subject to prior sale, when, as and if accepted by them and subject to certain conditions. It is expected that the certificates for the shares of Common Stock offered hereby will be available for delivery on or about May 24, 1995 at the offices of Smith Barney Inc., 388 Greenwich Street, New York, New York 10013.

Smith Barney Inc.

Genesis Merchant Group
Securities

May 17, 1995

La consistencia es la clave

Una vez firmado todo, llamé a la agencia de corredores de Salomon Smith Barney y les dije que acababa de comprar NER y que necesitaba recaudar más dinero. Una expansión de ese tamaño es algo bueno en Wall Street, y la agencia aceptó hacer una oferta pública. Richard y yo salimos en nuestra gira de Wall Street y el 25 de mayo de 1995, Copart vendió alrededor de 30 millones de dólares en acciones —1,897,500 acciones a 19.25 dólares cada una— lo que le permitió a la compañía pagar la totalidad de NER y estar de nuevo libre de deudas.

Ahora la huella de Copart era más grande, su sede también creció, trasladándose del predio de Vallejo a un edificio aparte en Benicia. Las oficinas centrales de Benicia se convirtieron en un centro crítico para la marca expandida de Copart. Yo no era creyente de operar todas las ubicaciones por separado. Era necesario ser consistentes a lo largo de nuestra operación, de manera que todo fuera dirigido desde las oficinas corporativas para poder ser una entidad centralizada. Si el precio del combustible subía o bajaba, era necesario tener la capacidad de cambiar nuestras tarifas de remolque de inmediato en todas nuestras ubicaciones a la vez. Esto era indispensable, especialmente al tratar con contratos nacionales, en los cuales hay que mostrar consistencia en los precios.

Una vez finalizado el acuerdo con NER, mi hermana Bonnie me envió un obsequio especial en remembranza de nuestros días de niñez en los que jugábamos juegos de mesa —una edición limitada de Risk. Me dijo que había conquistado el mundo cuando éramos niños, y que seguía conquistando el mundo. NER nos puso en la cima.

Busque líderes en todas partes

La ciudad de St. Louis acogió a líderes de NER y Copart en un gran acto ceremonial para celebrar y decidir cómo reestructurar esta nueva compañía y aprovechar las fortalezas tanto de NER como de Copart.

NER contribuyó con muchos activos, incluyendo talento. Richard se quedó como miembro del equipo de liderazgo de Copart por un tiempo para ayudar a guiar la fusión de las dos compañías, y otros empleados de NER se quedaron también, quienes se convirtieron en futuros líderes de Copart.

Vinnie Mitz fue uno de estos empleados. Vinnie empezó a trabajar con Richard desde que tenía quince años. Él y su hermano ayudaron a Richard en su predio de Hartford, Connecticut, durante unas vacaciones de primavera colocando cercas, alimentando a los perros guardianes, quitando maleza y desarmando autos. Al finalizar la semana, les preguntaron a ambos chicos si deseaban seguir trabajando después de la escuela. El hermano de Vinnie dijo que no, y Vinnie dijo que sí.

Después de casi un año, Vinnie también comenzó a trabajar en el barco de Richard como compañero de pesca deportiva y terminó viviendo en el barco durante un verano. Richard se convirtió en un segundo padre para Vinnie.

Cuando Vinnie decidió ir a la Universidad, Richard le dijo que regresara al terminar sus estudios y que él igualaría la oferta que cualquier otro le hiciera si continuaba trabajando para él. Richard solo tenía un predio en ese entonces, y Vinnie no vio demasiada oportunidad para él allí. Fue a estudiar a Cornell, pero al morir su padre, la escuela se volvió menos importante. Durante las vacaciones de la Universidad siempre regresaba a trabajar a NER, en donde desempeñó distintos trabajos, como conducir un camión, operar una grúa e inclusive, trabajar como mecánico. Cuando Richard decidió abrir una serie de nuevas ubicaciones, Vinnie arregló entrevistas para algunos de sus compañeros universitarios y se convirtió en gerente general del predio de Malboro. Eventualmente se hizo cargo de dirigir a todo el equipo de ventas de NER.

Cuando Richard me vendió, fue firme en exigir que los miembros de su equipo ejecutivo, incluyendo a Vinnie, fueran atendidos. Vinnie no estaba seguro de querer trabajar para Copart y había hecho suficiente dinero a través de los años de trabajar con Richard como para abrir su propio negocio de recuperación de vehículos. Pero el crecimiento de Copart lo intrigaba, y en vista de que Richard se quedaba, Vinnie también aceptó probar. Resultó ser una buena alianza ya que él continuó su crecimiento junto con la compañía, pasando de primer vicepresidente de mercadeo a vicepresidente ejecutivo de Copart, y luego a presidente.

Recuerdo la primera vez que me reuní con Vinnie. Richard me pidió que fuera a Florida y que me reuniera con Vinnie para trabajar en algunos de los detalles antes de cerrar el negocio. Paul y yo volamos a Boca Ratón, y Vinnie vino a nuestra suite a reunirse con nosotros. Vinnie vestía pantalones cortos, una camiseta y sandalias. Su apariencia era la de un joven en sus vacaciones de primavera, y pensé para mí mismo, ¿Por qué estaré negociando un acuerdo con este *joven punk?*

Como quince minutos después de conversar con él, sabía la respuesta. Vinnie era listo. Conocía muy bien la industria, y era muy leal a Richard. La lealtad es una cualidad que valoro.

Siempre que estrecho la mano con alguien o conozco a alguien, realmente soy capaz de medir a esta persona. Después de esta primera reunión con Vinnie, pensé, *Si se queda con la compañía, aquí se va a convertir en un gran líder.*

Vinnie me dijo que su impresión de mí durante esa primera reunión fue la de ser un tipo sencillo, fácil de tratar, con una visión clara y de rápido reaccionar. Yo era alguien con demasiadas cosas que hacer en muy poco tiempo, y Vinnie sabía eso. En ello encontramos un vínculo común.

Reconozca sus errores

En 1995 Copart comenzó a comprar autos y revenderlos como lo hacía IAA. Era una idea que fue descartada en 1997 después de percatarnos que simplemente no funcionaba. Todos podemos tomar malas decisiones, y yo no estaba inmune.

Al comprar autos de compañías de seguros, Copart había creado un ambiente en donde ya no tenía los mismos intereses que sus clientes. Las aseguradoras querían el mejor precio posible por sus vehículos, pero Copart no quería pagar el mejor precio, ya que necesitaba obtener utilidades al venderlos. El mercado en general bajó, y comenzamos a perder dinero.

Simplemente fue una mala idea, así que regresamos al modelo original. Pero lo bueno de Copart es que, aun cuando algunas veces tenemos malas ideas, aprendemos de ellas y las corregimos.

Este es el consejo que también pasé a Jay y Vinnie: Siempre que cometemos un error o nos llegan malas noticias y estamos realmente molestos, recuerden que hay una lección en todo ello. Sólo anótenlo como otra lección más, y no dejen que les vuelva a suceder. Cuando pierden a un cliente porque ofertaron mal, no se enojen con el cliente. Pregúntense, "¿Qué hice mal para no haber obtenido ese contrato?" Al igual que con la compra de autos —esto no funcionó, así que aprendimos la lección y seguimos adelante.

Mantenga el crecimiento de manera sostenible

Al mismo tiempo que Copart crecía también tuvo que lidiar con el problema de sus sistemas —que ahora era más difícil de arreglar.

Después de comprar NER, estábamos trabajando con tres sistemas de computación diferentes —uno en California, uno en Texas y luego el sistema de computación de NER. Habíamos estado hablando sobre construir nuestro propio sistema uniforme pero seguíamos poniéndolo en espera mientras Copart se concentraba en crecer.

Pero los problemas de desarrollo del sistema ya no podían seguir siendo ignorados. Había alcanzado un punto, en el que los predios no se podían comunicar electrónicamente debido a que los sistemas eran tan diferentes. Si un cliente en Connecticut tenía un auto que necesitaba ser recogido en Dallas, el predio de Copart en Connecticut tenía que tomar la asignación bajo su sistema y luego llamar a Dallas en donde tendrían que repetir el proceso en su sistema.

Jay estaba especialmente preocupado por los problemas que estaba causando, decía que costaba tiempo y dinero a la compañía y que solo estaba destinado a ponerse aún peor.

Otro problema apremiante era la incompatibilidad de todos los sistemas con el Y2K. El sistema original de Copart, programado desde los años 80, no tenía la opción de doble cero para representar el año 2000. A finales de 1999, el sistema no podía continuar funcionando.

Como dijo Jay, no había nada más importante para nosotros en este momento que construir un sistema. A ese punto ya ni siquiera le importaba si crecíamos más o no. Desde una perspectiva de negocios, teníamos que lidiar con el sistema. Así que bajamos las revoluciones de todo lo demás y sólo nos concentramos en los sistemas. Esto es un ejemplo de cómo hay que hacer sacrificios en el corto plazo para hacer lo que es correcto en el largo plazo.

Sin embargo, Wall Street no se mostró muy contento con este estancamiento repentino en el patrón de crecimiento de Copart, y las acciones recibieron una buena paliza. La expectativa en Wall Street, después de que Copart compró NER era que la compañía seguiría creciendo a este ritmo —pero eso no era sostenible.

Jim Grosfeld, quien era miembro de la junta de Copart, me dio un consejo sabio: "Willis, a Wall Street no le importan las subidas y bajadas. Lo detestan. Lo que les gusta es la consistencia. Si puedes hacer que la línea de las ganancias suba aunque sea un poquito cada trimestre, cada año, te pagarán un muy buen número de múltiplos altos porque entonces les será posible descifrar tu compañía".

A partir de ese momento, me concentré en el crecimiento constante, y al comprar otras ubicaciones ya no sólo lo hacía con el propósito de hacer crecer la compañía, sino pensaba en si era una buena adquisición para la compañía, si estaba en un lugar estratégico, y si ayudaba a completar nuestra red.

Aprendí una lección importante, y fue la de no crecer demasiado rápido. Es mejor crecer lento y constante, o Wall Street lo hace a uno pagar por ello. Siempre lo comparan a uno con lo que hizo anteriormente. Si uno excede lo que hizo con anterioridad, es exitoso; si uno no logra llegar a lo que hizo el año anterior, no les gusta.

La regla de los nueve meses

Construir un sistema uniforme para Copart también demostró ser una tarea enorme y costosa. Copart contrató a tres diferentes personas y compañías para desarrollar un sistema uniforme.

Teníamos a un tipo, genio en informática, que realmente nos puso en una muy mala posición con nuestros sistemas y terminó retirándose de la compañía. Luego contratamos a otro hombre que nos engañó. Luego otro contratista independiente nos dijo que por un millón de dólares podía hacer el trabajo, pero terminó engañándonos también. Es decir, era ignorancia de nuestra parte. No sabíamos cómo construir un sistema y no comprendíamos el tamaño ni el alcance. Lo único que comprendíamos era que si alguien nos decía que podía crear un sistema, crearía un sistema.

Creo que Jay lo pudo explicar mejor: Copart venía de los días en que las compañías únicamente necesitaban a un tipo de TI porque la tecnología aún no estaba tan avanzada. Copart seguía pensando en ese nivel en el que una sola persona podía crear un sistema y hacer el trabajo.

Resultó que una sola persona podía hacer el trabajo; sólo necesitábamos a la persona correcta.

Esa persona correcta fue David Bauer, a quien Jay y yo conocimos en Diciembre de 1995. Después de una reunión inicial, David se ingenió en su cabeza el marco de trabajo para un nuevo sistema de Copart mientras caminaba en una playa. Le tomó dos horas poner en papel el mapa del sistema.

Cada domingo, Vinnie y uno de nuestros empleados clave, Terry Willett, volaban de la Costa Este hacia California y pasaban secuestrados en una sala de conferencias conmigo, Jay, Jimmy y David —con el solo propósito de asegurar que el nuevo sistema hiciera todo lo que necesitaba hacer para administrar los negocios y el inventario de Copart. Luego volaban de vuelta a la Costa Este el martes en la noche para atender los negocios regulares.

Nos sentábamos y comparábamos lo que cada sistema hacía, cómo llamaba cada sistema a ciertas funciones y tratábamos de consolidar todo. Le añadimos funcionalidad —¿qué necesitábamos que no tuviéramos? Luego David lo creaba, y le dábamos un vistazo para ver si funcionaba en el mundo real. Lo probábamos y discutíamos sobre cómo mejorarlo. Estas reuniones eran bastante intensas.

En un punto, le pregunté a David cuándo podía estar listo. Lo necesitábamos ya, y yo no era muy bueno para esperar. Entonces David me dijo que probablemente tomaría otros ocho a diez meses, lo cual no me pareció.

"Bueno, hay que poner más programadores a trabajar —y así lo terminamos antes", le dije.

"Willis, te voy a dar una lección sobre la vida ahorita mismo", contestó David. "Una mujer puede tener un bebé en nueve meses. Pero nueve mujeres no pueden tener un bebé en un mes. El tiempo no varía. Así es.

La creación de los sistemas de subasta de CAS (Copart Auction Systems) de Copart terminó tomando un año, a un costo de 3 millones de dólares —que en ese momento era mucho dinero.

Terminamos el sistema en diciembre de 1996, pusimos en marcha el sistema en nuestro primer predio en febrero de 1997 y quedó completada la instalación en toda la compañía hasta diciembre de 1997.

Se contrataron alrededor de veinte jóvenes universitarios para viajar por el país y enseñar a las personas cómo funcionaba el CAS. En cada estado en el que se instalaba CAS se tenía que implementar una programación separada debido a las leyes del Departamento de Vehículos Motorizados que aplicaban en el lugar.

Jay y David eran los principales en poner en marcha el sistema. Jay siempre fue más diestro que yo en tecnología. Mientras que yo apreciaba el nuevo sistema, él realmente lo comprendía. Probablemente era consecuencia de la generación en la cual nacimos.

El sistema CAS fue un compromiso inmenso, pero nos permitió ser una compañía unificada en un sistema. Jay comprendía especialmente que tan poderosas eran estas tecnológicas mejoradas para nosotros. Ahora teníamos la capacidad de ver cuántos autos recogíamos en un día, cuántos autos vendíamos en ese día. Nos ayudaba a administrar mejor nuestro negocio y a unificarlo todo.

CAPÍTULO 8

Lecciones que aprendí de la siguiente generación

¿Qué son todas estas tonterías de WWW que escucho todo el tiempo?

—Jay Adair, preguntando a David Bauer
sobre el internet (*World Wide Web*)

Acoja las nuevas ideas

El CAS marcó el inicio de una revolución tecnológica para Copart —una que no sólo cambiaría a la compañía sino a toda la industria.

En 1996, casi al mismo tiempo que estaba siendo creado el sistema CAS, Jay se encontraba en una habitación de hotel viendo las noticias en CNN. El presentador dijo que si los espectadores deseaban saber más sobre esa historia, podían visitar www.CNN.com.

Jay telefoneó a David y le preguntó, "¿Qué son todas esas tonterías de WWW que escucho todo el tiempo?"

David le dijo a Jay que era el Internet, y que las personas podían utilizarla para acceder a información en otras computadoras. A Jay le dio curiosidad y le dijo a David que intentara conseguir www.copart. com para el futuro y que consiguiera www.IAA.com sólo por diversión.

Resultó ser que el sitio www.IAA.com ya estaba tomado para una tienda de muebles. Pero www.copart.com estaba disponible. Copart ahora tenía un sitio en web, aunque en ese momento no era aún claro lo que eso significaba. Jay pensó que tal vez eso serviría para acceder al CAS desde algún teléfono local. Ninguno de nosotros estaba consciente aún de qué se trataba este nuevo juguete sofisticado.

De todas maneras, por el momento www.copart.com permanecería a un lado mientras que Copart se concentraba en sus sistemas. Fue hasta después del lanzamiento de CAS que el sitio en web realmente comenzó a ser de utilidad.

En ese entonces, todos los vehículos que estaban a la venta en cada predio cada semana eran colocados en un listado maestro de ventas que era enviado por fax a los clientes. Más de ocho mil hojas de papel eran utilizadas cada día para circular estos listados. Entonces alguien tuvo la idea: "¿Por qué no colocarlos en el Internet para que los compradores puedan verlos desde ahí?"

La idea no sólo ahorró papel, sino ahorró tiempo y abrió la puerta a otros usos para el Internet. Ahora que el sistema CAS estaba creado y era capaz de llevar registro de las estadísticas de todos los predios combinados, dichos informes también podían ser colocados en la red para que las compañías de seguros monitorearan sus autos. También se añadieron a la Web fotos de las ubicaciones de Copart, junto con las direcciones y números telefónicos.

Participe en el proceso

Durante ese tiempo, Jay también notó que cada vez más compradores contrataban representantes de compras para que fueran a la venta en lugar de ellos y presentaran sus ofertas, ahorrándoles a ellos tiempo. Uno de dichos representantes era un tipo llamado Brad, quien venía al predio y pujaba por veinte diferentes personas. Les cobraba 150 dólares cada vez que les compraba un auto. Obtenía sus listas de lo que querían y qué tan alto estaban dispuestos a pujar, y se sentaba allí todo el día y pujaba por ellos. Ganaba entre 2,000 a 3,000 dólares al día haciendo esto, lo cual llevo a Jay a pensar, *Esto es ridículo*. ¿Cómo podemos involucrarnos en este proceso?

La respuesta vino a él en una subasta estatal a principios de 1998 cuando notó que muchas personas llamaban por teléfono a la subasta para hacer sus ofertas. La persona al teléfono pujaba por ellos mientras se llevaba a cabo la subasta.

Eso le dio una idea a Jay, quien pensó que debíamos ingeniar una manera para que los compradores presentaran su oferta en línea; que lo pudieran hacer con anticipación —como un día antes— y luego pujaríamos en nombre de ellos durante la subasta en vivo hasta llegar a su oferta máxima. De esa manera no tenían que venir para nada a la subasta.

La idea estaba aún fresca en la mente de Jay cuando él y David asistieron a una conferencia en Scottsdale, Arizona. Jay agarró a David y se salieron antes de la conferencia, determinados a trabajar en el concepto de pujar en línea.

Regresaron a la habitación y diseñaron el sitio completo del comprador, incluyendo cómo funcionaría eventualmente la subasta en línea. Pero primero querían mostrar a los compradores cómo sería y explicarles cómo funcionaría la subasta. Esto era un concepto totalmente nuevo —algo nunca antes hecho. No sabíamos cómo reaccionarían los compradores.

Jay habló personalmente con los compradores sobre la subasta en línea, procurando educarlos sobre la nueva tecnología basada en la red. En ese entonces, la subasta en línea contaba con las descripciones de los autos a la venta pero no con fotografías.

Todos los compradores le dijeron a Jay que era una idea tonta; nadie pujaría por un auto que no hubieran visto antes, le dijeron.

Jay les dijo, "Yo no les estoy pidiendo que no vean antes el auto. Les estoy pidiendo que vengan a ver el auto un día antes de la venta, y que por treinta y cinco dólares envíen su oferta a nuestro sitio en Web para no tener que perder todo el día en la subasta o pagar a un comprador ciento cincuenta dólares para que esté en lugar de ustedes".

Una vez los compradores comprendieron el concepto, este despegó, y durante el primer trimestre Copart logró más de 1 millón de dólares en las ventas en línea.

Una fotografía vale...un millón de dólares

También otra cosa asombrosa estaba pasando con las subastas en línea. Un día, Jay vio que se vendía un auto en San Diego a un comprador en Connecticut. Nunca nos habíamos imaginado que se ofertara de un estado a otro, menos entre lugares remotos del país.

Jay le pidió a David que llamara al comprador y averiguara cómo estaba ofertando por vehículos que estaban lejos como para poder ir a verlos antes de la venta. El comprador le dijo que sabía lo que hacía, pero que sería de utilidad si Copart incluyera fotografías de los autos en línea.

Eso es todo lo que Jay necesitaba escuchar. Mandó a David a comprar cincuenta y cinco cámaras y a llevarlas a una sesión de capacitación en la que les mostraría a todos los gerentes generales de los predios de Copart cómo tomar fotos de un vehículo. Los gerentes generales regresaron a sus predios y comenzaron a hacer esto, y luego empezaron a enviar los discos de la cámara a las oficinas corporativas para que se cargaran al sitio una vez que terminaban. El proceso consumía demasiado tiempo y era demasiado costoso, entonces el equipo de informática de David se ingenió una manera para que los predios pudieran cargar las fotografías al sitio en Web por sí solos, sin tener que enviarlas a las oficinas corporativas. Al principio, únicamente las fotografías de los autos en relativamente buen estado se ponían en el sitio. Pero después de como seis meses, todos los vehículos comenzaron a tener fotografías.

De repente llegamos a tener 10 millones de dólares de ventas por trimestre. Las aseguradoras querían saber todo sobre como subastar en Internet, y Wall Street estaba emocionado con nosotros. Fueron tiempos asombrosos.

No sólo Jay estaba viendo un incremento en compradores fuera del estado ahora, sino que también estábamos comenzando a ver qué personas ofertaban de fuera del país, de lugares como México, Canadá y Guatemala. Copart ya no sólo era una compañía de recuperación de vehículos; era también una compañía de tecnología.

Llene las brechas

Copart todavía seguía creciendo físicamente. Ahora que los sistemas estaban operando, yo tenía la meta de agregar seis a diez predios por año en ubicaciones estratégicas entre predios existentes. No sólo quería expandir la red sino también disminuir el tiempo de remolque y los ciclos, o sea el tiempo que toma llevar un auto a un predio, venderlo y que lo recojan.

Cada vez que agregábamos un punto en el mapa, ahorrábamos en el remolque. Esto era especialmente importante debido a que en ese momento, alrededor del 70 por ciento de nuestros clientes estaban usando el programa PIP y nos pagábamos el costo por remolcar vehículos a grande distancias. Cada vez que veíamos que los costos de remolque eran demasiado altos, tratábamos de conseguir un predio entre las ubicaciones para mejorar nuestro balance. Si lográbamos remolcar un auto 50 millas en lugar de 150 millas, eso significaba dinero en el banco.

El nuevo predio también podía liberar espacio en instalaciones cercanas existentes, las cuales a cambio podían recibir más autos. Por ejemplo, cuando abrí el establecimiento de Springfield, Missouri, llevábamos autos de St. Louis y Kansas City para llenarlo, incrementando así la capacidad.

Durante ese tiempo, también aprendí cómo construir rápidamente en terrenos verdes —instalaciones que no existían antes.

Si había un competidor en un lugar en el que necesitábamos estar, comprábamos la compañía porque esto era más barato y más eficiente que comenzar desde cero, ya que los permisos y todo lo demás ya existían. Pero en varios de los lugares, o no había un competidor o el competidor no era significativo o no quería vender, así que no sólo aprendí cómo construir predios desde cero, sino a hacerlo con mucha rapidez.

Yo dependía bastante de Vinnie para que me ayudara a decidir hacia dónde expandirnos. La oficina de Vinnie estaba a la par de la mía en las oficinas centrales, y él siempre me decía cuántos autos esperaba obtener su equipo de ventas y me proporcionaba estimados de crecimiento. Confiaba en Vinnie porque era muy inteligente. Él conocía a su equipo de ventas. Si él me decía que íbamos a lograr treinta mil autos en esta área en el siguiente trimestre, yo hacía ajustes a mi plan de crecimiento para poder estar listo para esos autos y tener el espacio preparado para ellos.

Por otro lado, si Vinnie pensaba que su equipo no iba a cerrar un negocio, también me ajustaba para desistir de planes de expansión en esa área porque quería mantener bajo control el crecimiento de la compañía.

Todo tenía que ver con hacer más fuerte a la compañía, estar libre de deudas, y tener más efectivo en el banco. Queríamos poder hacernos cargo de nuestros empleados, de las compañías de seguro y de nuestros compradores.

Haga del negocio algo fácil

Entre 1995, cuando David Bauer fue contratado para crear el CAS, y 1998, cuando dio inicio el ofertar en línea, la compañía había crecido de cuarenta y dos predios a sesenta. Entre 1998 y 2000, se agregaron dieciséis predios más, sumando en total setenta y seis.

En 2000, estaba en la búsqueda de más ubicaciones cuando mis viajes me llevaron a Chicago en pleno invierno. Estaba a diez grados bajo cero, y recuerdo que inclusive mi bolígrafo no funcionaba. Pensé, ¡Esto es una locura! ¡Nadie debería vivir así! Supongo que me había vuelto un californiano.

Mientras tanto, Jay y Jimmy estaban en Minnesota pensando lo mismo.

"Willis, estoy temblando de frío", me dijo Jimmy a través de una barba emplastada de hielo. "¡Tengo congelados hasta los mocos! ¡Tiene que haber una mejor manera!"

A medida que continuaba bajando la temperatura, igual bajaba el número de compradores que se enfrentaban al frío. Entonces tuve una idea: ¿Por qué no mejor traer adentro a los compradores, a un edificio acogedor y caliente, y mostrarles los autos en monitores de televisión? Las personas ya no tendrían que andar persiguiendo los camiones de las subastas en el frío. Fue ahí cuando nació EVA (subasta de visualización electrónica).

Trajimos dentro a los subastadores y les mostramos fotografías de los autos en una gran pantalla y en otra la marca, modelo y demás información sobre el auto para que ya nadie tuviera necesidad de salir. A los compradores les encantó la idea, pero para hacerla funcionar, se requería de mucha infraestructura. Teníamos que construir una caseta de subasta dentro del edifico, conseguir sillas y colgadores de abrigos, y comprar donas. Teníamos que hacer más reformas interiores de las que habíamos tenido que hacer antes, incluyendo conectar estos televisores y montarlos en soportes. Se invirtió un gran capital en trasladar a las personas al interior, pero les encantó. Aun cuando en esos momentos alrededor del 40 por ciento de personas estaban pujando en línea, muchas personas seguían asistiendo a la venta.

Nunca deje de mejorar una idea

Los compradores de internet seguían queriendo más. Querían también una manera de incrementar sus ofertas el día de la venta. Jay imaginaba que si existiera una manera en que las personas pudieran pujar en línea durante la venta, obtendríamos retornos aún mayores.

Pero esa idea era más fácil de decir que de hacer. De hecho, era tan complicado que David tuvo que pasar tres semanas metido en IBM y contratarlos para que lo ayudaran a diseñar una plataforma de subasta en línea que funcionara en tiempo real. Ese fue el inicio de VB1 o VEVA —subasta virtual de visualización electrónica.

Aun cuando IBM cumplió y David fue capaz de diseñar un sistema, el mismo no era fácil de usar. Debido a que VEVA funcionaba simultáneamente con una subasta en vivo y no era una entidad autónoma, los empleados tenían que monitorear la red de ofertas por Internet y gritar al rematador las ofertas durante la venta en vivo.

Era agobiante ya que sucedía tanto a la vez, y los empleados tenían que estar realmente concentrados en la red para asegurarse de atender todas las ofertas No podíamos tener a las mismas personas haciéndolo más de una hora seguida ya que tomaba demasiada concentración. Las ventas también se volvían más lentas, entonces en lugar de vender setenta y cinco autos por hora, estábamos vendiendo cincuenta. Algunas de nuestras ventas se alargaban hasta cinco horas. Nuestros empleados se estaban cansando. David inclusive me contó que hubo personas que tenían que tomarse de las manos en un círculo y cantar Kumbaya para intentar calmarse. Le suplicaban que lo detuviera.

Pero en lugar de detenerlo, se expandió. En el otoño de 2001, Jay anunció que cuarenta de los predios de Copart tendrían VEVA en los siguientes cuarenta días. Para mediados de marzo de 2002, todos los predios que podían operar VEVA lo hacían, con la excepción de predios realmente grandes como el de Dallas, los cuales eran sencillamente demasiado grandes para que VEVA funcionara sin que explotaran cabezas. VEVA continuó galopando —con tensión y todo— durante alrededor de un año, en casi tres cuartos de los predios de Copart.

Aun durante una tragedia, tiene que seguir adelante

Casi al mismo tiempo que VEVA estaba expandiéndose, uno de los eventos más trágicos en la historia de América sucedió: el atentado del 9/11. Cuando los aviones colisionaron con las torres gemelas del World Trade Center y otro chocó con el Pentágono, lo escuché primero de Jay, quien había estado viajando en una zona de tiempo diferente. No estaba despierto aun cuando me llamó y me dijo, "Papá, tienes que encender la televisión. Han atacado América".

Me levanté y comencé a ver la televisión, y se me revolvió el estómago. Durante un buen rato no pude alejarme de la televisión —estaba tan molesto y enojado por lo que estaba viendo. Habíamos ido a menudo a las torres a reunirnos con banqueros y cuando cotizamos en bolsa. Pudimos fácilmente haber estado allí cuando sucedió. También sabía lo masivas que eran estas torres y la magnitud de devastación que esto significaba. Estas torres eran como ciudades con cincuenta mil personas que trabajaban allí más los visitantes que llegaban cada día. Era sencillamente abrumador pensar en la devastación y las vidas perdidas. Conocíamos a un inversionista de mucho tiempo que perdió a su hija en una de las torres. Era horrible pensar en su pérdida.

Cuando finalmente pude despegarme de la televisión, comencé a verificar qué pasaba en la compañía y descubrí que todos mis empleados que estaban viajando alrededor del país —ya sea por ventas u operaciones regionales—estaban varados. Ningún avión estaba volando, y todos los autos de alquiler estaban tomados ya que tantas personas intentaban regresar a sus hogares. Tenía a personas por todas partes que no podían retornar a sus seres queridos, incluyendo a Jay. Nuestro jet privado estaba parado también, así que hice mi mejor esfuerzo por buscarles transporte alternativo y enviarlos de vuelta a sus hogares. Aprendí eso del ejército. No se deja a nadie atrás.

Una semana después, las cosas aún no se calmaban. Ya era claro para entonces que nada volvería a ser lo mismo. Pero había una compañía de software que queríamos ver para comprar en San Diego. Aún no se les permitía volar a los aviones privados, así que le dije a Jay, "La vida sigue. Así que tomemos un vuelo comercial y démosle un vistazo".

Pero Jay y yo acordamos algo en este viaje. Al subir al avión, él se sentaría en un lado, y yo en el otro lado. Si alguien intentaba ir a la puerta de la cabina, lo taclearíamos. La cosa es que cuando nos subimos al avión, sólo estábamos nosotros y quizás otros cuatro americanos que habían planeado hacer lo mismo que nosotros si presentían problemas. Si alguien se acercaba a esa puerta de cabina, ¡todos lo íbamos a taclear! Todos paramos riéndonos de eso. Pero esto mostraba lo mucho que ya había cambiado el mundo debido al 9/11.

Así que volamos a San Diego —sin tener que taclear a nadie en el camino— y sostuvimos la reunión. Luego nos dirigimos al aeropuerto, y a medida que nos acercábamos, se aglomeraban estos jóvenes militares, todos incorporándose al servicio para luchar por nuestro país después de lo que había sucedido. Nos tocó estar con estos jóvenes, y realmente me identifiqué con ellos, quienes me recordaban cuando fui reclutado a los dieciocho años para ir a Vietnam.

Estos jóvenes iban a bases militares por todo el país, pero ninguno de ellos iba de vuelta a Sacramento en nuestro avión. Resultó ser que casi nadie iba en nuestro avión de regreso, igual que cuando venimos. Si sacamos a los militares de la ecuación, únicamente unas cuantas personas estaban volando.

También habíamos visto en las noticias que los aviones comerciales estaban siendo detenidos en todo el país —no porque el gobierno los estuviera deteniendo sino porque nadie quería volar. Por otro lado, las compañías de alquileres de autos no se daban a vasto. Difícilmente se podía encontrar un auto que no estuviera ya alquilado.

Le dije a Jay que las personas ya no iban a volar tanto como antes después de esto. En su lugar, iban a conducir. Si ese era el caso, iban a chocar más autos. Eso significaba que nuestro negocio estaba destinado a crecer nuevamente.

Le dije a Jay, "Voy a llamar a Salomon Smith Barney y voy a ver si podemos hacer otra oferta pública".

Habíamos gastado mucho dinero en el crecimiento de la compañía, entonces pensé que esta podía ser una oportunidad para recaudar algo más de dinero. Hablé con uno de los hombres de Salomon Smith Barney y le pregunté si pensaba que estaría bien hacer una oferta pública aunque sólo hubieran pasado tres semanas desde el 9/11. También le dije por qué pensaba que este era un buen momento para crecer.

Él me dijo que nadie estaba haciendo ofertas en este momento. Wall Street había disminuido su actividad bastante desde el 9/11, y aunque hubo personas que deseaban invertir y había dinero, todo básicamente se había detenido. Esto me llevó a pensar, *Bueno, si hay mucho dinero por ahí y nosotros tenemos una buena historia que contar, este puede ser el momento perfecto para hacer una oferta pública.*

En ese momento pensé que probablemente podríamos recaudar alrededor de 75 a 80 millones de dólares para crecer.

No es barato recaudar dinero. Cuesto alrededor de 6 a 6.5 por ciento de la cantidad recaudada para pagar contadores, abogados y banqueros. Pero yo tenía otra razón por la cual necesitaba hacer esto. Ya tenía tiempo de estar sin efectivo. Estaba gastando más dinero del que habíamos recaudado en la primera y segunda oferta pública y no quería contraer deudas, por lo que había estado comprando muchos establecimientos con acciones de Copart, dándole el trato de dinero a las acciones.

Pero comprar compañías con acciones es engañoso. Si usted le compra a una compañía que es una corporación y usted es una corporación, entonces todo funciona bien. Pero si usted le compra a un individuo o una corporación de responsabilidad limitada o únicamente los activos de una compañía, al tomar sus acciones, tienen que permanecer con ellas por un año —lo cual lo hace una venta difícil.

Esto es así en todas partes menos en el estado de California. California tiene una ley conocida como audiencia de legitimidad. Debido a esta ley, los vendedores pueden venir a California y pasar por una audiencia de legitimidad, lo cual en total toma entre treinta y cinco y cuarenta y cinco minutos con un juez, quien explica todo el acuerdo. Si usted realiza esta audiencia, al cerrar la venta, el vendedor puede vender las acciones tan pronto como el siguiente día.

La audiencia de legitimidad funcionaba en cualquier venta en la que el comprador fuera de California —lo cual éramos. Yo siempre lo hacía. Era algo bueno. Salvo por una cosa —California había decidido deshacerse de la audiencia de legitimidad, lo cual significaba que yo ya no iba a poder hacerlo más. Si no podía comprar compañías con acciones, definitivamente necesitaba dinero.

No sea tan fácil de convencer

Salimos de gira, a lo cual ya estábamos acostumbrados a raíz de nuestras primeras dos ofertas públicas. Por lo general uno va de una compañía de inversión a otra, y sólo tiene treinta minutos en cada una porque el calendario de las mismas está lleno. Tiene veinticinco minutos para contarles acerca de la compañía y otros cinco minutos para hablar sobre números, y quizás, y solo quizás, si tiene suerte, cinco minutos para preguntas. Por lo general casi siempre sólo hay dos banqueros en la sala porque también ellos están muy ocupados.

Este no fue el caso esta vez. De hecho, fue totalmente opuesto. Entrábamos a una sala de conferencias con quince inversionistas, y no nos dejaban ir porque no tenían a nadie más después —no tenían nada más que hacer. Sin embargo, nosotros teníamos un calendario lleno de visitas a banqueros, entonces nos teníamos que ir. La única persona adicional a nosotros que vi en estos edificios de cuarenta pisos fue a un caballero que tenía un negocio de aparatos ortopédicos para piernas. Eso era todo. Al terminar la gira y prepararnos para poner precio, ya habíamos completado nuestra agenda.

Willis Johnson

Nuestro siguiente paso era discutir el precio con los banqueros, y uno de los miembros de nuestra junta, Jim Grosfeld, quien había pasado por muchas ofertas públicas con Pulte Homes, nos pidió a Jay y a mí que lo dejáramos hacer la negociación.

PROSPECTUS

4,000,000 Shares

COPART, INC.

Common Stock
$29.00 per share

We are selling 4,000,000 shares of common stock. We have granted the underwriters an option to purchase up to 600,000 additional common shares to cover over-allotments.

Our common stock is quoted on The Nasdaq National Market under the symbol "CPRT." The last reported sale price of our common stock on The Nasdaq National Market on November 13, 2001 was $29.87 per share.

Investing in our common stock involves risks. See "Risk Factors" beginning on page 5.

Neither the Securities and Exchange Commission nor any state securities commission has approved or disapproved of these securities or determined if this prospectus is truthful or complete. Any representation to the contrary is a criminal offense.

	Per Share	Total
Public offering price	$29.00	$116,000,000
Underwriting discount	$ 1.45	$ 5,800,000
Proceeds to Copart, before expenses	$27.55	$110,200,000

The underwriters expect to deliver the shares to purchasers on or about November 19, 2001.

Salomon Smith Barney

Credit Suisse First Boston

A.G. Edwards & Sons, Inc.

November 14, 2001

152

"A ustedes los van a convencer fácilmente", nos dijo. "Yo soy mejor para esto; déjenme hacerlo". Aceptamos, pero le dijimos que queríamos treinta dólares por acción. Después de discutir durante tres minutos, el hombre nos ofreció veintinueve dólares, y Jim inmediatamente dijo, "¡Está bien!" Después le dijimos, "Jim te convencieron demasiado fácil, ¿qué pasó?" Pero estábamos bromeando y riéndonos porque en lugar de reunir 75 millones de dólares, logramos reunir 116 millones de dólares —mucho más de lo que originalmente pensamos y suficiente para colocarnos de nuevo en una fase de gran crecimiento.

Para culminar todo esto, la audiencia de legitimidad fue aprobada de nuevo en California, lo cual significaba que ahora teníamos efectivo y de todas formas podíamos comprar compañías con acciones. ¡Estábamos armados hasta los dientes! Pero queríamos ser cuidadosos al respecto. No queríamos crecer demasiado rápido. A Wall Street le gustan las compañías que mantienen un crecimiento lento y constante —no compañías que crecen 30 por ciento un año y 10 por ciento el siguiente. Les gusta que el crecimiento sea predecible. Habíamos aprendido eso de la manera difícil, así que ahora éramos cuidadosos. Eso no significaba que si la oportunidad era la correcta no saltaríamos; solo nos asegurábamos que sí fuera la correcta para mantener saludables las acciones.

El hecho es que el 9/11 cambió nuestro mundo para siempre. Algunas veces es difícil seguir adelante después de un evento tan devastador como ese. Es fácil quedarse paralizado en shock y temor. Pero al final, todos tenemos que seguir adelante para que América siga adelante. Eso fue lo que hicimos.

Algunas veces, lo es todo o nada

En el 2002, gracias al éxito que tuvo Copart al incorporar las subastas en línea, la compañía trasladó sus oficinas centrales nuevamente —esta vez a un edificio de tres pisos, recientemente construido y de 103,000 pies cuadrados, ubicado en Fairfield, cerca de nuestras Oficinas Centrales de Benicia. Copart verdaderamente había crecido.

Entonces Jay recibió una llamada de Russ que lo hizo entrar en pánico. Russ le dijo que estaba en el predio de Shreveport en un día de ventas y que únicamente habían llegado catorce compradores. Había un mar de sillas vacías y una pila de donas sin comer. La escena fue suficiente para poner nerviosos a algunos de nuestros clientes de aseguradoras quienes pensaron que Copart estaba perdiendo compradores.

Pero Copart no estaba perdiendo compradores; simplemente les había facilitado demasiado no venir a la subasta.

Jay tenía que tomar una decisión. Teníamos que ya sea regresar a la manera en que lo hacíamos antes o avanzar, ya que la opción de en medio no estaba funcionando. A los predios con VEVA no les gustaba el sistema, y los predios más grandes no podían usarlo.

Jay comenzó a pensar en abandonar el sistema de subasta en vivo por completo, pasando a un puro modelo de internet en su lugar. Los compradores podrían seguir visitando el predio si lo deseaban, pero la venta sería exclusivamente en línea. Harían sus ofertas mediante kioscos, en lugar de frente a un subastador.

El sistema seguiría basándose en una subasta en vivo para ayudar a preservar la emoción de la venta. Los compradores podrían mantenerse pujando más alto si lo deseaban, y todas las ofertas serían visualizadas en la pantalla de la computadora a medida que sucedían. Los compradores podrían también hacer ofertas preliminares el día antes, y la computadora las utilizaría para pujar en su nombre. Sin embargo, el proceso completo sería más rápido y más sencillo ya que sería en línea.

Jay le dijo a David, "Una subasta virtual, pero de la segunda generación". De ahí que obtuvo su nombre —VB2.

David creó VB2 basado en la idea de Jay. Pero yo aún no estaba al tanto de ello. Había estado dedicando bastante de mi tiempo en viajar, en encontrar las siguientes ubicaciones para Copart. Aunque estaba enterado de la disminución de compradores que llegaban a las subastas y me daba cuenta que esto era un problema, yo no sabía que Jay y David habían estado trabajando en una solución.

"Podemos hacer dos cosas", dijo Jay. "Podemos deshacernos de las subastas en Internet por completo, para que los compradores tengan que llegar de nuevo. O podemos adoptar VB2 y hacer todo en línea. Déjame mostrarte, y me dices lo que piensas".

Observé la demostración de VB2 y no vacilé en mi respuesta. "Me encanta. Probémoslo en algunos de nuestros predios y veamos cómo funciona".

"Bueno", dijo Jay, "si fueras aún un propietario de un deshuesadero de autos, lo utilizarías?".

"Jay, cuando yo tenía mi deshuesadero, iba en avión a subastas de puja cerrada y subastas en vivo. Perdía la mitad de mi tiempo comprando autos", le dije. "Si hubiera podido quedarme en mi deshuesadero y comprar piezas por Internet, hubiera ganado más dinero que parado haciendo fila en subastas. ¿Qué si lo usaría? Absolutamente".

Pregúntese, "¿Cuál es mi trabajo?"

David creó el VB2 y lo tuvo listo para incorporarlo a los primeros predios el 27 de junio de 2003. Copart probó el sistema en Bakersfield primero, y Jay, Vinnie y Gerry Waters personalmente capacitaron a los compradores en el uso de los kioscos para ver cómo ellos reaccionaban. Debido a que era más fácil para los compradores participar y lo podían hacer desde cualquier lugar, el número de compradores que pujaban por cada auto era mayor. La subasta en Internet también mantuvo la misma emoción de las subastas en vivo, con la misma atmósfera competitiva. Con más competencia, las ganancias se elevaron. De hecho, la venta tuvo las ganancias más altas de todo el año. Fue todo un éxito.

Probamos el sistema VB2 en otros predios para asegurarnos que no hubiera sido una casualidad y experimentamos resultados más asombrosos.

Jay se reunió con un subastador en uno de los predios, quien había trabajado para nosotros durante diez años, para decirle que ya no tendría trabajo si seguíamos teniendo tanto éxito con el VB2. Inclusive el subastador dijo que ni locos deberíamos de dejar de usar el VB2 ya que él también se daba cuenta de cómo funcionaba y que representaba el futuro.

Era momento de tomar una importante decisión de negocios. Esa decisión no era la de si íbamos a introducir VB2 a todos los predios —lo cual era obvio, aun para los subastadores que perderían sus trabajos. Lo que teníamos que figurarnos era cuál era nuestro trabajo. Literalmente nos sentamos en una sala y escribimos en la pizarra las palabras, "¿Cuál es nuestro trabajo?" Decidimos que nuestro trabajo era ayudar a los compradores a adquirir autos de manera más fácil para poder conseguir la mayor cantidad de dinero posible para los vendedores. Ese era nuestro trabajo —obtener más dinero para las compañías de seguros. Eso prevalecía sobre todo lo demás.

Con nuestro trabajo —o sea, la visión de Copart— claramente definida, decidimos introducir VB2 a nivel nacional.

El clima siempre está perfecto en el Internet

Para finales de 2003, la compañía completa —ahora alrededor de noventa y cuatro centros— contaba con el VB2. Tomó como noventa días integrarlo a todos las instalaciones —un itinerario agresivo pero totalmente necesario para mitigar los posibles efectos negativos de un cambio tan enorme. Por ejemplo, no queríamos que los subastadores se fueran antes de estar listos para lanzar el VB2 y también no queríamos que los clientes se molestaran antes de ver lo que VB2 tenía que ofrecer.

Terminó siendo que muy pocas compañías de seguro se molestaron con nosotros a causa de la decisión —y nadie se molestó debido a los resultados que produjo. Las aseguradoras vieron la evidencia de que sus rendimientos estaban aumentando. Pensamos que el VB2 fue lo mejor para todos nuestros clientes.

Fue una decisión que transformó a Copart y a la industria, comenzando con los mismos predios. Ya no eran necesarios estacionamientos grandes para que los compradores vinieran a la subasta en persona. Ya no necesitábamos tampoco tanto personal para atender a los compradores. Y si había alguna tormenta de nieve el día de la subasta, que dejaba cuatro pies de nieve en el suelo, la venta no tenía que ser cancelada ya que el clima siempre es perfecto en línea.

A Wall Street y a la prensa nacional también les encantó. En 2003, el Internet era aún la palabra de moda, y el hecho que Copart lo usara exclusivamente para vender autos no sólo era una novedad sino también una gran noticia. Amazón.com recientemente le había mostrado al mundo que podía vender un sinnúmero de productos en el Internet. Y ahora nosotros vendíamos autos siniestrados en el Internet —y las personas realmente los estaban comprando.

Nuestros costos se elevaron con la inversión que hicimos en tecnología —más que los costos que nos ahorramos en donas, café y estacionamiento. Pero la base incrementada de clientes y la facilidad en el uso que el VB2 trajo consigo, aumentó las ganancias e hizo que valiera la pena la inversión.

Hoy en día la decisión de cambiar totalmente al VB2 parece no tener tanta ciencia. Pero las personas me dicen que pensaron que yo estaba bastante loco en ese entonces. Entre lo nuevo de la tecnología, el costo de desarrollarla y el riesgo asociado con cambiar la industria tan drásticamente, debería de haber estado yo más renuente. Pero el VB2 me emocionaba. Vi su potencial. Sentí que valía la pena el riesgo y el dinero, tomando en cuenta lo grande que podría ser la recompensa del incremento en las ganancias. Pensé en ello como en algo que cambiaría las reglas del juego. Y así fue.

Desafíe a la geografía

Personas de todas partes del mundo estaban comprando autos de Copart. Entre la cobertura de la prensa y difusión de boca en boca, los compradores de autos en otros países comenzaban a escuchar sobre el VB2 y a percatarse que podían pujar por autos para usar como repuestos o para arreglarlos y venderlos sin tener que salir de sus talleres en Lituania, Rusia o América del Sur. Inclusive enumerábamos en nuestro sitio intermediarios que podían ser contratados por los compradores para recoger y enviar los autos en nombre de ellos. Copart hacía que todo fuera tan fácil que la geografía dejó de ser un problema. Y con más compradores en todo el mundo en la ecuación, los rendimientos seguían elevándose. Después de que fue lanzado el

VB2 en 2003, el 14.5 por ciento de todas las subastas eran otorgadas a compradores fuera del país.

México se convirtió en nuestro principal comprador. A algunas personas les gusta pensar que México es un país atrasado. Pero no están atrasados para nada. Aprendieron a usar el VB2 para que en lugar de tener que conducir hasta alguno de nuestros predios en la frontera, pudieran ofertar desde su hogar usando el Internet.

Inclusive a mí me sorprendió el grado de éxito alcanzado por el VB2. Sabía que iba a ser un éxito, pero realmente no sabía que iba a llegar tan lejos. Yo lo estaba viendo desde una perspectiva de un deshuesadero de vehículos —que iba a ser más fácil para los compradores y que les iba a ahorrar tiempo y el costo del viaje. Cuando yo era una compañía deshuesadora de vehículos, si yo no volaba a LA y compraba autos, perdía un buen número de buenos autos. Así es como yo veía el VB2.

Sin embargo, yo no lo estaba viendo desde la perspectiva del vendedor. Yo no esperaba que el rendimiento aumentara. Yo no estaba pensando que al hacerlo más fácil, más compradores lo querrían usar —y que compradores de todo el mundo serían capaces de usarlo. Con todos esos compradores compitiendo por los autos, era un resultado natural que el rendimiento aumentara. Eso fue lo impactante para mí.

Reconozca cuándo es el momento de hacer cambios

Copart comenzó a expandirse aún más, rompiendo la marca de las cien ubicaciones en 2003 y expandiendo su huella a Canadá. El VB2 se convirtió en un punto de venta popular para el personal de ventas, quienes presumían de ofertas internacionales para atraer nuevos negocios.

El crecimiento fue fenomenal. Era casi increíble ya que todo parecía suceder tan rápido. Pero realmente había sido un proceso con muchos pasos importantes tomados a lo largo del camino.

El VB2 también me hizo pensar sobre el futuro de Copart de una manera nueva. Aunque yo siempre acogí bien la tecnología, no era parte de mi generación como lo era para jóvenes como Jay. Me di cuenta que su generación nunca más iba a desear una subasta en vivo. Ellos comprarían todo por el Internet. Y a medida que los veteranos en el negocio de autos comenzaran a retirarse, sus hijos pasarían a estar a cargo, y buscarían usar la tecnología aún más.

Yo sabía que aunque yo había establecido Copart y había creado la cultura de cambio de Copart y la de acoger nuevas ideas, Jay y la siguiente generación tendrían que mantener a la compañía en la cima del crecimiento tecnológico acelerado que el futuro exigía. Como resultado, comencé a hacer los cambios en la compañía, permitiendo que Jay asumiera la visión del día a día mientras yo me concentraba en expansión y crecimiento a largo plazo.

Enfóquese en la tecnología

El VB2 puso a Copart al frente de la curva tecnológica. Pero no sólo había sido el VB2. El hecho que nos computarizáramos desde una fase temprana, que la compañía desarrollara el CAS para compartir información y que mantuviera registro de todo su inventario, y que Jay acogiera el Internet desde que surgió por primera vez, todo ello llevó a que Copart estuviera preparada para desarrollar e implementar tecnología antes que su competencia.

Esto demuestra que cualquier compañía hoy en día tiene que estar atenta a la tecnología y a la manera en que el mundo cambia, e incorporarlo si es que desea sobrevivir. Usted no puede seguir haciendo las cosas de la misma manera y esperar que su compañía siga ahí en diez años. Camarón que se duerme, se lo lleva la corriente.

Por ejemplo, AOL solía ir a la cabeza, pero ahora está en la cola. Nadie pensó que Yahoo se caería de su pedestal hasta que Google lo tumbó. Luego vino Facebook. Siempre hay un joven allá afuera intentando superar lo que ya ha sido superado. Nuestra filosofía es siempre ir a la vanguardia y nunca dejar que esos jóvenes nos sorprendan y nos hagan lo que le han hecho a tantas industrias. Debemos contratar a esos jóvenes para poder permanecer a la delantera en todo lo que es nueva tecnología.

Willis Johnson

Ni en mis sueños más remotos cuando computaricé mis deshue-saderos por primera vez, pensé que íbamos a llegar a vender un auto en línea cada cinco segundos, todos los días hábiles. Nunca pensé que al ir a un muelle de carga en Lituania o los Emiratos Árabes Unidos, veríamos cientos y cientos de contenedores con autos con la marca "Copart" impresa en sus parabrisas debido a que tendríamos compradores en otros países que los importarían.

Pero el éxito del VB2 tuvo su precio.

CAPÍTULO 9

lecciones que aprendí de nuestros empleados

¿Jay Adair? No creo conocerlo. ¿Trabaja en Copart?
—Oficinista hablando por teléfono con Jay Adair

No pierda aquello que lo hace especial

Corría el año 2002 cuando Jay se dio cuenta de que algo malo había sucedido en Copart: ya nadie conocía a las otras personas. Habíamos crecido tanto que ya no teníamos más esa sensación familiar de negocio pequeño.

Esto se hizo especialmente evidente cuando un día Jay llamó por teléfono a un predio para hablar con un gerente general y se sorprendió al enterarse de que nadie sabía quién era él.

"¿Jay Adair? No creo conocerlo. ¿Trabaja en Copart?", preguntó la empleada que había atendido el teléfono.

Copart se había convertido en un tipo de empresa muy diferente a la que era cuando Jay comenzó a trabajar en 1989. Ahora era grande. Era segura a nivel financiero. Poseía una tecnología revolucionaria. Pero la visión y el espíritu en los que habíamos basado la empresa ya no llegaba a los empleados. Como resultado, los empleados no se comportaban como un equipo ni sentían que estaban trabajando juntos. Eso a su vez, tenía un impacto negativo en el progreso de la empresa y en la relación con los clientes.

Entonces Jay decidió que Copart necesitaba una revolución. Necesitaba volver a sus raíces.

Busque maneras de convertir lo malo en bueno

Otro catalizador para que Jay decidiera generar una revolución surgió cuando Copart disolvió la flota de camiones remolques y comenzó en su lugar, a contratar conductores para los camiones. Esto mejoró la eficiencia y recortó los costos de transporte y de seguro. Pero la decisión —que significó despedir cientos de camioneros— también bajó la moral.

Hasta 2004, Copart había sido el propietario y operador de sus propios camiones remolcadores, lo que incluía transportadores de múltiples vehículos. La empresa de subasta de automóviles NER había hecho lo mismo, de modo que al tiempo que Copart crecía, yo consideraba a los camiones como parte de los suministros —lo que se necesitaba para funcionar. Cuando construía un predio, agregaba cinco camiones o cuatro camiones o seis camiones —lo que necesitáramos. En poco tiempo, teníamos alrededor de setecientos transportadores.

Un transportador solo funciona bien durante tres o cuatro años, antes de que el kilometraje se acumule y empiecen los problemas. Copart tenía 150 camiones rotando en su flota y era necesario reemplazarlos cada año, lo que significaba un gasto importante. Pero yo simplemente aceptaba que ese era el precio de hacer negocios.

Esto fue así hasta que Copart se expandió a Michigan —el predio sesenta y uno, para ser exacto.

Me preocupaba ubicar camiones en Michigan, porque era un estado en el que los sindicatos eran muy fuertes, y uno de los sindicatos más poderosos era el de los conductores de camiones. En el pasado, yo había tenido malas experiencias con los sindicatos —y no solo en la cadena de supermercados Safeway. Cuando mi padre estaba construyendo casas en California, el sindicato se presentó y trató de sindicalizar a los trabajadores; y esto casi lo deja fuera del negocio.

Luego, cuando yo tenía mi predio especializado en vehículos de Chrysler, en California, los sindicatos trataron nuevamente de ingresar. Los combatí con fundamento: les pagué a mis empleados más que cualquier otra compañía y los traté muy bien, y mi acción fue segura, limpia y profesional. La mayoría de los empleados me respaldó. Sabían que recibían un buen trato y no querían tener que hacer aportes a los sindicatos por una representación que no necesitaban.

Después de ver por lo que pasó mi padre, siempre me aseguraba de conocer cuál era la paga promedio en el área y pagaba más y otorgaba más beneficios. No quería que la gente se fuera y no quería que formaran parte de un sindicato.

Terminé por aplastar los intentos del sindicato en California, pero costó mucho dinero. Y sabía, por otras personas que estaban en el ramo y que habían perdido la batalla con estos grupos, que era extremadamente difícil llevar adelante una empresa en la que estuvieran involucrados los sindicatos. Quería evitar que sucediera algo así en Michigan.

Sin embargo, dejé la decisión final en manos de mi equipo de ejecutivos, que decidió seguir con el sistema que sabían que funcionaba e incluir a los conductores de camiones en la nómina de la empresa.

Y el resultado fue que no mucho tiempo después recibimos una carta del sindicato diciendo que deseaban agremiar a los trabajadores del predio. Cuando la recibimos, no sé cuántos camiones teníamos, pero es probable que fueran muchos —diría que de doce a quince transportadores— cuando comenzamos las negociaciones con los sindicatos. Luego, una noche de un fin de semana, ingresaron por la fuerza en nuestras instalaciones y destruyeron todos los camiones. Cortaron todas las líneas, todo el cableado, y solo destruyeron los camiones, creo que porque no estábamos negociando con suficiente rapidez ni les decíamos lo que ellos querían escuchar.

No tuvimos otra opción que usar transportadores subcontratados. En retrospectiva, fue lo mejor que pudo haber pasado. Descubrimos que era más económico subcontratar los transportadores que tener nuestra propia flota. No teníamos que pagar seguros, reemplazar camiones ni lidiar con la indemnización de los trabajadores. No teníamos que pagar por uniformes, mecánicos o mantenimiento.

Willis Johnson

Alrededor del 75 por ciento de los costos de compensación para los trabajadores se destinaba a los conductores de los camiones. El 75 por ciento de las demandas se producía porque los camiones aplastaban buzones o volteaban portones. Cuando sumábamos todo eso, el resultado era ridículo. No haberlo pensado antes parece una locura.

Después de probarlo un tiempo más, la empresa decidió desprenderse de todos los camiones. Pero necesitábamos encontrar un modo de hacerlo que fuera justo para los cientos de camioneros que ya no serían parte de la empresa. Gerry Waters lideró el esfuerzo de vender, con un descuento, todos los camiones transportadores de Copart a cada conductor. Reunió información para los conductores de camiones; los datos explicaban cómo comenzar su propia empresa, lo cual incluía todos los aspectos: desde obtener una licencia y un seguro hasta diferentes listas de entidades crediticias que ya habían sido identificadas como dispuestas a financiar los nuevos emprendimientos. Además, Copart prometió favorecer a los nuevos empresarios al momento de subcontratar transportistas en el futuro. Sin importar lo que los demás cobraran por el servicio de remolque, Copart ofrecía pagar más si el conductor había sido un empleado de la compañía.

Solo un veinte por ciento de los conductores aceptó el trato, mientras que el ochenta por ciento eligió no correr el riesgo de tener su propio negocio.

Copart descubrió que los camiones de remolque manejados por sus propios dueños trabajaban más. Cada trabajo representaba más dinero para su negocio, mientras que los empleados comunes obtenían el pago sin importar cuánto servicio prestaran en un día.

De repente, teníamos gente que hacía más cargas en el mismo tiempo —porque estaban trabajando cada vez más. Hacían tres cargas por día, en lugar de dos. Y llegaban más temprano al trabajo, y se quedaban hasta más tarde, en lugar de simplemente marcar una tarjeta, porque eso significaba más dinero para ellos. Podían tener un control sobre sus ingresos.

A medida que Copart progresaba, el programa de transporte subcontratado progresaba junto con la empresa. Copart comenzó a ofrecer incentivos para las compañías de remolque, como descuentos en los teléfonos celulares y en el seguro, con el fin de seducir y atraer a las mejores empresas.

Nuevamente volvemos a la lección de que cuando algo malo sucede, como el problema con el sindicato en Michigan, no necesariamente tiene que entrar en pánico o enloquecer; solo necesita dar un paso hacia atrás y encontrar un nuevo camino. Y, la mayoría de las veces, lo malo que sucedió se tornará en algo bueno si presta atención a lo que la adversidad le enseña.

Demuestre que aprecia a sus empleados

Había más lecciones para aprender. Copart no solo comprendió que podía funcionar mejor sin su propia flota de camiones; también entendió que necesitaba cambiar el modo de interactuar con los empleados.

Aprendimos que tratarlos bien, ofrecerles beneficios y desear que obtuvieran logros no era suficiente. No era suficiente para mantener alejados a los sindicatos. Tratábamos bien a los empleados, les dábamos todos los beneficios que podíamos e intentábamos que no se fueran — porque no deseábamos que se fueran. Pero no les decíamos cuánto los valorábamos; no les demostrábamos cuánto significaban para la compañía. Ese era el punto en el que fallábamos.

Ese era otro motivo por el que Jay quería una revolución cultural en Copart. Nos habíamos convertido en una empresa práctica, en la que si el trabajo se hacía no importaba si uno había pasado un buen momento en su puesto o si las personas con las que trabajaba eran de su agrado o, incluso, por qué se estaba desarrollando esa actividad. Eso nos convertía en un sitio en los que, en algunos aspectos, no era un buen lugar en el cual trabajar: no importaba si la gente trabajaba cerca de usted o con usted. Era necesario cambiar eso.

En una conferencia que se realizó en 2002, Jay les dijo a los gerentes que, de ahí en adelante, Copart iba a ser una empresa que no solo contrataba gente según sus habilidades o su cociente de inteligencia (CI); iba a contratar a las personas según la actitud —el cociente emocional (CE). Íbamos a ser una empresa en la que la gente apreciaría a los compañeros de trabajo y se divertiría en el trabajo. Si eso sucedía, sabríamos que, probablemente, las personas serían más eficientes y productivas, y capaces de brindar un servicio legendario. Si los empleados están contentos, eso afecta directamente el modo en que tratan a los clientes y en cómo nosotros podemos avanzar como empresa.

Decidimos que transformarnos en una gran empresa que cotizaba en bolsa no significaba que teníamos que sacrificar una cultura en la que la gente trabajara duro y se divirtiera, y recibiera una compensación por eso. Jay recordó el modo en que, al comienzo, tenía la libertad de no estar de acuerdo conmigo y de compartir sus propias ideas, lo que lo ayudó a crecer. Quería que todos los empleados de Copart tuvieran esa misma oportunidad. Uno debe respetar a su jefe, pero no debe temerle ni sentir temor por estar en desacuerdo con él. Si tiene la capacidad para hablar con franqueza, la empresa también se beneficia, porque ese es el momento en el que surgen las grandes ideas.

También deseábamos comunicar a los empleados que lo más importante en Copart era mantener una clara orientación moral. Muchas personas separan los diferentes aspectos de la vida al decir "esto es la vida" y "estos son los negocios", y utiliza reglas distintas. Pero nosotros vemos los negocios y la vida y la familia como algo que se entremezcla. Si usted se siente feliz en su hogar, es más feliz en su trabajo, y viceversa. Si se desempeña bien en el trabajo, puede ofrecerle más a su familia.

Además, Jay deseaba que todas las personas que formaban Copart se trataran como amigos y como una familia. Si usted permite que un amigo tome herramientas de su garaje y no las devuelve, lo llama y le dice: "Devuélveme las herramientas o ya no seremos amigos". Así es en la vida. Y cuando su amigo devuelve las herramientas, uno nuevamente se siente bien. Así es como nosotros queremos que sea en el trabajo: usted cuida la empresa, y nosotros cuidamos de usted. Usted cuida a sus clientes del mismo modo en que quiere que lo cuiden.

Tenga en claro su misión, su visión y sus valores

Para comunicar algunos de estos muchos ideales y puntos de vista, Copart desarrolló una declaración de nuestra misión, de nuestra visión y de nuestros valores, que rige los principios de la empresa y guía a los empleados. El objetivo era racionalizar y simplificar el proceso de subastas; la visión era ofrecer continuamente productos y servicios atractivos, innovadores y exclusivos para impulsar el mercado. Y la primera letra de cada uno de estos valores formaba la palabra Copart por sí misma — *committed, ownership, profitability, adaptable, relationships and trust* (compromiso, responsabilidad, rentabilidad, adaptación, relaciones y confianza).

Pero exhibir estos valores en un cuadro colgado en la pared no era suficiente. La misión, la visión y los valores también se convirtieron en un elemento clave en la capacitación y la cultura de Copart.

Se lanzó la Campaña de Identidad de Copart (CIC) y se presentaron iniciativas diseñadas para cimentar los estándares de los valores morales, del trabajo en equipo y de la atención al cliente. La campaña incluyó iniciativas que abarcaban a toda la empresa, tales como una "regla de las 24 horas", en la que los empleados deben hacer un seguimiento de las inquietudes de los antes de que pasara un día. Además, se introdujo un festejo semanal para reunir a los empleados y cimentar un sentimiento de orgullo para con la empresa, y se alentó a los empleados a usar, un día por semana, el color de la compañía —el azul.

Casi al mismo tiempo, Copart también contrató a otros dos miembros clave para el equipo ejecutivo. En noviembre de 2003, Tom Wylie se convirtió en el vicepresidente ejecutivo de recursos humanos, un puesto de reciente creación. Este agregado ayudó a garantizar el compromiso de Copart para con los empleados y constituyó la promesa de que ya nunca se dejaría a un lado la cultura de la compañía.

En abril de 2004, se contrató a Will Franklin como el nuevo director financiero, lo que sumó estabilidad a ese cargo y significó un sólido recurso para conservar la seguridad y la estabilidad financiera.

También formé la Fundación Privada Copart —un fondo de becas creado directamente a partir de los aportes privados que yo y otros directivos realizamos. La fundación se constituyó con el fin de ayudar con los gastos de matrícula y de libros para los estudios universitarios de los hijos de los empleados de Copart. Nadie que haya solicitado la beca ha sido rechazado.

Mi formación militar y el amor que siento por mi país también me impulsaron a comenzar un programa, dentro de Copart, que pagaba el cincuenta por ciento del salario a cualquier empleado destinado a una campaña militar activa en los Estados Unidos. Para ellos, también se mantienen los puestos de trabajo durante seis meses. Esta política le ganó un reconocimiento nacional a Copart de parte de ESGR (Apoyo Empresarial a la Guardia y Reserva), una organización que es parte del Departamento de Defensa y que se estableció en 1972 para ofrecer cooperación y entendimiento entre los miembros de la reserva y los empleadores civiles, y para ayudar en la resolución de conflictos que surjan de una obligación militar del empleado.

Conozca a las personas que trabajan para usted

A pesar de estas mejoras, a Jay todavía le preocupaba el hecho de que la gerencia ejecutiva de Copart estaba muy alejada de las personas que trabajaban en los predios, como se había hecho evidente cuando la mujer que respondió el teléfono no supo quién era él. Un día, cuando hablaba con un socio comercial, dijo en voz alta lo que pensaba sobre lo grandioso que sería si pudiera conocer personalmente a cada empleado y viajar a todos los predios de Copart, que para ese entonces sumaban más de ciento diez.

El socio se rio de la idea y comentó que eso nunca sería posible. ¿Acaso estaba loco? Eso era todo lo que Jay necesitaba para demostrarle al socio que estaba equivocado. Jay prometió que todos los empleados lo conocerían en persona, en los predios, durante el próximo año. Había nacido la gira mundial.

De todas formas, Jay no sabía en lo que se estaba metiendo. La gira mundial cobró vida, y el espíritu y el entusiasmo que se habían perdido con los años regresaron al tiempo que los empleados, durante las visitas, trataban de destacarse con puestas en escenas de trucos, juegos y sátiras para Jay y para otros ejecutivos. Durante la gira de 2005, Jay se encontró a sí mismo montando un burro, siendo arrestado, sumergido en un tanque de agua y disfrazado de Elvis. Fue una oportunidad para que los empleados invirtieran la situación y pusieran a los ejecutivos en apuros —y como resultado, los directivos aparecieron como gente común ante sus ojos.

Y, lo que es más importante, la gira mundial también transmitió un mensaje poderoso. Jay habló con cada persona en los predios sobre el lugar que la empresa había ocupado y sobre el lugar hacia donde iba. Les contó cómo la cultura centralizada de Copart había hecho que la empresa se convirtiera en un líder del mercado y cómo continuaría aprovechando el cambio y encontrando mejores maneras de hacer las cosas.

Explicó que Copart necesitaba brindar no solo un buen servicio sino también un servicio legendario —un servicio que hiciera decir a los clientes: "¡Vaya!, ¿cómo lo lograron?", y que les hiciera contarles la experiencia a otros. Compartió la solidez del futuro de la compañía con los empleados y habló sobre el modo en que el mercado de recuperación de vehículos resistiría la recesión, porque las personas siempre estarían arruinando sus vehículos.

La gira mundial realmente unió a la empresa. Conocimos mejor a nuestros empleados, y ellos no conocieron a nosotros. Recuperamos esa sensación familiar de negocio pequeño que habíamos perdido.

Pero, al igual que muchas cosas que valen la pena, no fue fácil. Jay y Jim y otros directivos visitaban tres predios por día —algunas veces en tres estados diferentes— durante una semana o más por vez. Dormían cuando podían —pero el espectáculo tenía que continuar— Y Jay cumplió con creces lo que había prometido a los empleados —visitó cada predio en solo seis meses.

Edifique una empresa interesada en la gente

Por medio de la gira mundial quisimos crear una cultura en la que las personas no solo se comprometieran con Copart y con su trabajo, sino también con nuestros clientes y con ellos mismos entre sí. Y lo hicimos justo a tiempo.

Pocos meses después de que finalizara la gira mundial, surgió un nuevo desafío para Copart, que fue una prueba para nuestra cultura y para la compañía en sí misma. El 29 de agosto de 2005 el huracán Katrina, el desastre natural más costoso y que causó más víctimas en la historia de los Estados Unidos, tocó tierra.

Copart tuvo que agrupar los incontables recursos que había cimentado durante años —sus más de ciento veinte establecimientos, el ejército de más de dos mil empleados especializados, una tecnología en línea de vanguardia y la red redundante y organizada de sistemas— para responder con eficacia ante el desastre.

Si la fortaleza se demuestra en la adversidad, Katrina puso a prueba la fortaleza de Copart. Pero Copart superó la prueba y respondió a la tragedia como ninguna otra compañía pudo hacerlo, y demostró su condición de liderazgo, tanto en el mercado, como al momento de hacer un esfuerzo para limpiar lo que Katrina dejó.

Yo, al igual que otros ejecutivos de Copart, sabíamos de la existencia de Katrina antes de que tocara tierra. Estábamos observando el avance de la tormenta en el centro de control de Copart, en la casa central. Pero al igual que todos los demás, no conocíamos la magnitud de lo que ocurría. Cuando al día siguiente vimos que los diques habían colapsado, decidí llevar a cabo operaciones fuera de Fairfield y enviar a Jay a ver el daño de cerca. Además, movilicé a los administradores de propiedades para que empezaran a buscar espacios donde guardar el excedente de vehículos dañados.

Poder volar en el área tomó varios días. Mientras tanto, el gerente del predio de Nueva Orleans había viajado hasta las instalaciones de Copart en un bote de remos y había verificado que no existían daños importantes.

En las noticias comenzaban a aparecer informes sobre personas armadas desesperadas que se disputaban insumos. Cuando finalmente Jay pudo conseguir un avión privado para ir a Nueva Orleans, decidió llevar también armas por si surgía algún problema. Se cuestionó la decisión que había tomado cuando el avión aterrizó en el aeropuerto y vio tropas del ejército y de la guardia nacional por todas partes. Salió primero del avión y dijo claramente que tenían armas a bordo. Por fortuna, no surgieron problemas.

Pero aún necesitaban un helicóptero para acceder a las zonas más dañadas, —y todos los helicópteros ya habían sido alquilados por el personal de emergencias y las agencias gubernamentales. Finalmente Jay encontró un viejo helicóptero Sikorsky de los años 50. Él y otros líderes de Copart pudieron ir al predio en Nueva Orleans y comprobar el deterioro por sí mismos. A pesar de que los predios casi no habían sufrido daños, estaban sorprendidos por la magnitud de la destrucción en la ciudad, que era, literalmente, un mar de agua, barro y basura. Sabían que esto era más grande que cualquier cosa que hubiera visto antes —o que verían alguna otra vez.

Desde agosto de 2005 hasta agosto de 2006, Copart procesó decenas de miles de vehículo afectados por el huracán, aparte del más del millón que procesaba en un año normal. Sumó dos instalaciones temporales para guardar vehículos y creó el predio de automóviles recuperados más grande que haya existido, en una pastura para ganado de 180 acres de extensión, en Gulfport, Mississippi, que en el momento de mayor actividad, recibía hasta ochocientos automóviles por día. Este terreno, que alguna vez había sido ocupado por sesenta vacas, guardó casi treinta mil vehículos.

Copart también amplió sus servicios para incluir la recuperación y la compactación de vehículos, y movilizó más de cuatrocientos empleados de todo el país para ayudar con la limpieza. Los empleados y los vendedores trabajaron en condiciones adversas, y Copart les proporcionó alimentos, refugio, agua y energía en un lugar en que era difícil conseguir y conservar todo eso. Además, Copart encontró la manera de hacer llegar su tecnología a las áreas devastadas por el huracán, sin energía ni Internet, mediante un tráiler con tecnología satelital conectado a su base de datos, lo que le permitía procesar y vender vehículos mientras otros no podían.

En medio de la limpieza de lo que Katrina había dejado, Copart también tuvo que enfrentarse a dos tormentas más leves, pero aun así muy destructivas, los huracanes Rita y Wilma, que produjeron decenas de miles de vehículos recuperados en Florida.

Siempre haga lo correcto

Durante esta terrible experiencia, Copart no transfirió ningún costo agregado a sus clientes. Eligió absorber los costos por dos motivos —primero, porque era lo correcto. Copart surgió como un aliado importante en los esfuerzos que se hicieron para la limpieza y la recuperación después de Katrina, con muchas agencias gubernamentales que pedían y recibían la ayuda de Copart. Una de las prioridades de Copart después de la tormenta fue recoger los vehículos en la Base de la Fuerza Aérea de Kessler, en Biloxi, Mississippi, de modo que las operaciones de rescate se podían hacer hacia Nueva Orleans.

Copart también absorbió los costos, porque quería demostrar a sus clientes que no era simplemente un vendedor, sino que era un socio comercial en el que podían confiar en los peores momentos. Volvíamos a la idea de un servicio legendario y de tener una dirección moral clara —los elementos de la cultura de Copart que se habían fortalecido durante la gira mundial.

Todo lo que hicimos como empresa antes de agosto de 2005 fue una preparación para Katrina. Sin la red de instalaciones de Copart, no hubiéramos tenido los recursos ni el equipo necesarios para la tarea. Sin el sistema de Oferta Virtual VB2, no hubiéramos sido capaces de vender automóviles desde lugares a los que los compradores no podían llegar físicamente. Sin los sistemas uniformes, los empleados no hubieran podido ayudar en diferentes predios ni saber exactamente cómo funcionaban las cosas ni qué hacer.

Pero, lo que es más importante, sin la gira mundial y la reciente revolución cultural de Copart, los empleados no hubieran sido capaces de responder del modo heroico en que lo hicieron.

A causa de la gira mundial, cuando les pedimos a nuestros empleados que fueran un poco más allá —cuando les pedimos que dejaran a sus familias y salieran a colaborar en un predio afectado por un huracán y que vivieran en un tráiler durante tres semanas y que trabajaran largas horas en medio del polvillo y del barro— lo hicieron. La gira mundial había ayudado a cimentar ese sentimiento de que nuevamente éramos una familia, y de que las familias se ayudan entre sí en medio de una crisis. Katrina fortaleció el lema de Copart: "Una oferta superior al resto", dado que Copart demostró que ya no era una empresa pequeña, sino que era una fuerza. Era una fuerza impulsada no solo por el dinero, los terrenos y las acciones —sino por la gente.

CAPÍTULO 10

Lecciones que aprendí en el extranjero

Voy a pasar tiempo con mi esposa. No voy a trabajar toda mi vida y perder lo mejor que tengo.

—Willis Johnson

El mundo está a sus pies

Gracias al poder de VB2, habíamos empezado a ver el potencial del crecimiento de la presencia de Copart a nivel internacional. Si podíamos vender automóviles desde los Estados Unidos a los deshuesaderos y a los concesionarios en Lituania, ¿por qué no podía funcionar a la inversa?

Nuestra primera prueba en el terreno internacional se hizo en Canadá. Este país estaba lo suficientemente cerca como para que fuera sencillo ponerse en marcha y construir predios allí, y no había que superar barreras idiomáticas. Algunas de las compañías aseguradoras que ya eran clientes de Copart también hacían negocios en Canadá. Pero Canadá también tenía su propia moneda y sus propias normas para los vehículos recuperados, lo que lo convertía en un territorio rico en el que Copart tenía mucho por aprender. Abrimos dos predios en Ontario, con seis meses de diferencia entre uno y otro. Posteriormente, agregamos otras instalaciones en Ontario y Alberta.

Además, en el año 2000, Jay y yo comenzamos a viajar a otros países para obtener información sobre cómo funcionaba allí el negocio de automóviles recuperados. Visitamos Australia y el Reino Unido porque eran países de habla inglesa. En el Reino Unido, nos encontramos con los líderes de una compañía llamada Universal Salvage —la empresa más grande de recuperación de vehículos de su tipo en ese país, con aproximadamente nueve centros. Nos reunimos con ellos y nos resultó muy placentero, pero todavía no era nuestro momento. No nos sentíamos listos o preparados para ingresar en el Reino Unido.

No obstante, ellos se mantuvieron en contacto. Varios años después, cuando estuvimos listos, nos acercamos a Universal Salvage para tratar el tema de la venta, pero el director ejecutivo no mostró interés. Un par de años después, vi a Universal Salvage en el noticiero. Tenían una directora ejecutiva nueva —una escocesa de nombre Avril Palmer-Baunack, que había sido contratada para ayudar en la recuperación de Universal Salvage luego de algunas dificultades financieras. A partir de algunas investigaciones, yo sabía que el trabajo real de Avril era hacer que Universal Salvage fuera lucrativa nuevamente y se posicionara en un lugar desde el cual la empresa se pudiera vender obteniendo una ganancia.

Eso significaba una oportunidad para volver a iniciar la conversación, de modo que la llamé para concertar una reunión. Cuando fuimos a verla en Inglaterra, nos entendimos de inmediato. Avril había tomado decisiones positivas para la empresa y estaban llegando más automóviles. Pero Copart tenía la tecnología que podía llevar a la empresa al siguiente nivel. Universal estaba funcionando del modo en que el mercado operaba más de diez años atrás en los Estados Unidos —con subastas en vivo que limitaban la cantidad de compradores en virtud de los límites geográficos. Necesitaba la tecnología VB2.

Haga que las cosas sucedan

Mientras Jay, Avril y yo negociábamos cómo fusionar lo mejor de Universal Salvage y de Copart, la junta directiva de Copart no se sentía tranquila con el acuerdo.

Nos habíamos preparado viajando a Canadá y habíamos pasado mucho tiempo, durante los últimos siete años, investigando el entorno comercial del Reino Unido y el modo en que se hacían las cosas allí.

Estábamos listos para ir a Inglaterra. Jay y yo sabíamos que era una buena decisión para nosotros. Pero dos miembros de la junta directiva estaban realmente molestos. Querían que fuéramos más lentos, pagáramos dividendos y enfriáramos el tema. Bueno, ni Jay ni yo llevamos eso en la sangre. Les dijimos que no íbamos a enfriar nada, tomamos todas las precauciones necesarias y decidimos que lo íbamos a hacer.

Mientras Jay y yo dábamos los toques finales al acuerdo, manteníamos conferencias telefónicas con los miembros de la junta directiva para tratar de explicarles lo que estábamos haciendo y las diferencias entre hacer negocios en los Estados Unidos y en el Reino Unido. Por ejemplo, en el Reino Unido, los automóviles que estaban muy dañados o quemados se consideraban autos cuya vida útil ya había terminado y por ley, no podían subastarse. Estos autos tenían que compactarse, y más del noventa por ciento de ellos debía reciclarse. Universal poseía grandes instalaciones de compactación para hacer esto.

Algunos miembros de la junta directiva estaban preocupados y no se daban cuenta de que Jimmy y yo habíamos compactado automóviles en nuestros comienzos dentro en los deshuesaderos de vehículos. Los miembros de la junta insistían en que contratáramos un experto para que asesorara a Copart en cuanto al modo de compactar automóviles y nos decían que suspendiéramos el acuerdo hasta que el experto entregase un informe.

Jimmy se enfureció cuando escuchó esto. Dijo que nadie con una Maestría en Administración de Negocios iba a decirnos cómo compactar automóviles cuando había dos tipos a cargo de la compañía, que habían estado compactando automóviles durante toda su vida.

Yo tampoco estaba dispuesto a esperar. Llamé a una votación para decidir el acuerdo en ese mismo momento. Al sentirse presionados, los miembros de la junta no quisieron estar en mi contra y dividirse, de modo que cambiaron de idea y aprobaron la compra.

Siempre tenga un plan de contingencia

A pesar de que Avril me agradaba, no estaba seguro de poder confiar en ella para cerrar el trato. Como medida de precaución por si el acuerdo con Universal no prosperaba, también me había estado reuniendo con Steve Norton, propietario de Century Salvage, que tenía tres establecimientos para la venta.

No quería comprar Century antes de comprar Universal porque podíamos ahuyentar a Universal —y ese era el gran trato que realmente deseábamos lograr. Entonces, de cierto modo tenía que prolongar el proceso con Steve, mientras trataba de no mencionar nada acerca de Universal.

Steve se percató de lo que yo estaba haciendo. Era inteligente y adivinó que yo estaba tratando de lograr ambos acuerdos sin que la otra parte lo supiera. Pero, de todos modos, aún deseaba trabajar conmigo.

Las cosas se pusieron todavía más interesantes cuando Avril llamó a Steve y le preguntó si ella podía pagarle para que él fuera un consultor en el trato con Universal. Yo no confiaba en ella para cerrar el acuerdo, y ella no confiaba en mí; esa era la razón por la cual ella deseaba contratar a Steve para que la asesorase en cuanto al modo de hacer las cosas. Steve inventó una excusa sobre el motivo por el cual no podía hacerlo, pero eso me demostró que ella estaba decidida.

En junio de 2007, Copart oficialmente compró Universal Salvage. Dos meses después, adquirimos Century Salvage.

Busque una segunda opinión

Copart comenzó a introducir sus sistemas, cultura y tecnología en las operaciones del Reino Unido.

Jay trajo a un experto en comunicación intercultural para colaborar con Copart en la transición y para ayudar a mediar en las diferencias entre el estilo norteamericano y las distintas culturas de los países que forman el Reino Unido. Fue lo peor que pudimos haber hecho, porque lo que nos enseñaron estaba completamente equivocado.

El experto brindó una imagen estereotipada sobre el modo de actuar de los ingleses y dijo que Copart tendría que cambiar su cultura para adaptarse a ellos.

Cambiar una cultura de la cual nos enorgullecíamos y que habíamos pasado mucho tiempo cimentando me producía cierta desconfianza. A

Jay también le preocupaba el efecto que la cultura de la empresa, en ese momento, tenía en las instalaciones en el Reino Unido. Nadie se reía ni parecía disfrutar el trabajo o la relación con las otras personas. Esto, a su vez, se transmitía a los clientes que llegaban. No había ni entusiasmo ni trabajo en equipo.

Al final, decidí pedir una segunda opinión. Llamé a Richard Reese, el director ejecutivo de Iron Mountain, que ya estaba operando en el Reino Unido. Lo había conocido en un grupo para directores ejecutivos al que asistí y ya antes le había pedido consejo.

"Richard, ¿qué es lo más importante que necesito hacer en Inglaterra?", le pregunté.

Su consejo fue rápido y directo, "Tiene que dar a conocer la cultura de su empresa allí".

Richard siguió explicando que, en el Reino Unido, el comercio era muy jerárquico, lo que significa que a los directivos no les agradaba hablar con las personas de niveles por debajo de los de ellos.

"Ese no es el modo en que funciona su empresa o la mía, Willis", me dijo Richard. "Necesitamos que exista una comunicación entre la gerencia y los empleados —tener ese flujo de ideas— para que las cosas marchen bien".

Yo escuché decir lo mismo a otros directores ejecutivos que hacían negocios en el Reino Unido. Entonces, pintamos las instalaciones de Copart en el Reino unido con el color que es familiar para la empresa, el azul, y lanzamos la Campaña de Identidad de Copart. Pronto, todos los predios en el Reino Unido estaban celebrando y usando el azul el día de ventas con descuentos. Además, los ejecutivos iniciaron una mini-gira mundial y conocieron a los empleados y estrecharon sus manos.

Descubrimos que a las personas de otros sitios les encantaba nuestra cultura empresarial y realmente la aceptaban. Cuando habíamos tratado de ser algo que no éramos —solo para adaptarnos— no funcionó. Pero una vez que comenzamos nuevamente a actuar como Copart, la gente empezó a ver los beneficios.

Existe esta impresión muy difundida, de que la gente en el Reino Unido es muy estirada —posiblemente algunas personas lo sean. Sin embargo, también hay personas extraordinarias, y realmente aceptan las empresas y la cultura estadounidense. Son muy trabajadores. Tienen un entorno de costos elevados, pero no son culpables de eso. Y nos ofrecen una perspectiva diferente de nuestro negocio —y hemos aprendido mucho de ellos. Lo mejor que hicimos fue entrar en Inglaterra. Fue nuestro trampolín hacia el resto de Europa.

La mayoría de los empleados en el Reino Unido permanecieron durante toda la transición, a excepción de algunos que ocupaban algunos altos cargos administrativos. Avril, que al comienzo dijo que se quedaría para liderar las operaciones de Copart en el Reino Unido, también se fue después de conseguir otra oportunidad que se adaptaba mejor a sus habilidades. Era una experta en salvar compañías —y Copart no necesitaba ser salvada.

Con un liderazgo que todavía era incierto en el Reino Unido, Copart confió en las personas que la dirigían en los Estados Unidos para estar segura de que los negocios en el extranjero estaban funcionando con todas sus posibilidades. Vinnie pasó un buen tiempo en el Reino Unido, usando sus habilidades para la venta con el fin de establecer relaciones con las compañías aseguradoras y cerciorarse de que las operaciones avanzaban y cumplían con los estándares de Copart. Russ también dedicó mucho tiempo, en el Reino Unido, a comprobar que los predios se ponían en marcha correctamente y funcionaban sin dificultad. El vicepresidente de operaciones y calidad, Gayle Mooney, que vino a Copart durante la compra de NER, trabajó en capacitar al personal en el Reino Unido en cuanto al Servicio de Autenticación Central (CAS), de modo que todos trabajaran con un sistema operativo. El vicepresidente de operaciones, Sean Eldridge, pasó dos años en el Reino Unido como un enlace con la empresa —mudó allí a toda su familia— de manera que él pudiera estar seguro de que la transición estaba bien encaminada. Los empleados más antiguos se turnaron para pasar un tiempo en el Reino Unido, enseñando a sus compañeros los pormenores del trabajo. Esto no solo ayudó a compartir el conocimiento entre los continentes, sino que también cimentó relaciones importantes entre los empleados en Norte América y el Reino Unido.

Para nosotros, fue importante establecer una sólida reputación en el Reino Unido, que reflejara la marca que habíamos estado creando durante tanto tiempo en Norte América. Deseábamos elevar los estándares del negocio de recuperación de automóviles y mostrar realmente al mercado el valor y la integridad que pusimos sobre la mesa.

Las buenas ideas trascienden fronteras

Copart también continuó expandiéndose rápidamente en el Reino Unido: sumó cuatro instalaciones (dos en Escocia, dos en el norte de Inglaterra) al adquirir AG Watson en febrero de 2008, y otro establecimiento más, Simpson Brothers, en abril de 2008.

Luego, en junio de 2008, contratamos a Nigel Paget para que fuera el director y ocupara el lugar de Avril. Con su experiencia en el nivel jerárquico de los clubes de automóviles, en las empresas de auxilio, en el camino, y en las compañías de seguro, era la persona idónea. Su sentido del humor y su dinamismo eran perfectos para la cultura y el espíritu de Copart. Sabía cómo divertirse *y* lograr que las cosas se hicieran.

En el momento en el que Nigel se unió al equipo, Copart ya se había propuesto transformar la industria de automóviles recuperados en el Reino Unido del mismo modo que yo la había transformado en Norte América durante los últimos veinticinco años. Solo que en este momento, la transformación se daría con mayor rapidez.

En el Reino Unido, las compañías de recuperación de vehículos compraban los automóviles directamente a las compañías de seguro y los revendían en subastas. Copart había descubierto que este no era un modelo exitoso basado en su experiencia previa en los Estados Unidos.

Todas las compañías de recuperación de automóviles en Inglaterra compraban todos los autos, no había autos para negociar. Queríamos intermediar en el negocio de los automóviles porque sabíamos lo que el poder de la tecnología VB2 podía hacer tanto por los compradores como por los vendedores y deseábamos estar alineados con los intereses de nuestros clientes. Entonces, teníamos que proponer un plan para cambiar al modelo de intermediario y aceptar el hecho de que a corto plazo, ya podría no ser del agrado de la gente y que nosotros recibiríamos un golpe a nivel financiero porque íbamos a perder una parte del negocio.

Además, sabíamos que una vez que tuviéramos la VB2 funcionando de lleno en el Reino Unido, esta tecnología sería una herramienta poderosa para convencer a las compañías de seguros de que probaran el sistema de intermediario.

Los compradores que ya adquirían automóviles en el amplio inventario existente en los Estados Unidos y en Canadá, tenían la oportunidad de hacer ofertas desde el Reino Unido en una plataforma separada de VB2 que estaba adaptada a la moneda del Reino Unido y que los conectaba con los transportistas en ese país. Los compradores de Copart que ya existían, estaban encantados con el inventario adicional del cual elegir, y la potencia de VB2 creaba más competencia y rendimientos más elevados para los automóviles en el Reino Unido.

Cuando las compañías de seguro comenzaron a notar los rendimientos que estaban obteniendo los vehículos incluidos en VB2, se mostraron más dispuestas a venderlos directamente en la subasta, en lugar de hacer que Copart los comprara primero. Además, estaban impresionados por el alcance de VB2. Los compradores de los Emiratos Árabes Unidos, de Europa y de Sudamérica ahora hacían ofertas por los autos, lo que ni siquiera se hubiera pensado que fuese posible usando el antiguo sistema de subasta en vivo.

No obstante, hacer que los compradores tradicionales de las instalaciones en el Reino Unido aceptaran la tecnología de VB2 todavía era un desafío. Los empleados de Copart tenían que destinar tiempo a enseñarles el modo de usar VB2 y a explicarles de qué manera les ahorraría tiempo. Una vez que los compradores locales comprendieron que ya no tenían que estar todo el día parados a la intemperie, bajo la lluvia, en una subasta, y que podían usar VB2 desde la comodidad de sus hogares o de sus oficinas, se entusiasmaron con la idea.

Aprenda de las lecciones del pasado

Sin embargo, hubo algunas cosas que Copart no modificó en el Reino Unido. Los predios del Reino Unido tenían su propia flota de camiones de remolque, al igual que la habíamos tenido nosotros alguna vez. Pero en el Reino Unido funcionaba mucho mejor para nosotros.

Dadas las diferencias en las leyes, tener nuestros propios conductores rendía mucho más que subcontratar remolques y teníamos conductores excelentes en quienes confiar.

Ahora, con Copart Reino Unido funcionando sin problemas, yo tenía que buscar la siguiente gran oportunidad. Ustedes saben que no soporto aburrirme.

Noté que el Reino Unido no tenía deshuesaderos con autoservicio similares a U-Pull-It. Aún con la economía de allí, parecía una oportunidad perfecta para un negocio.

Decidí inspirarme en mi pasado y abrir un negocio U-Pull-It en el Reino Unido —usando un terreno que Copart ya tenía en York, Inglaterra. Luego abrí un segundo establecimiento en Inverkeithing, Escocia. Los predios funcionaban al igual que los que había iniciado un tiempo atrás en los Estados Unidos, solo que en lugar de tener un logotipo naranja brillante, lo cambié a uno de color verde brillante y agregué un símbolo de reciclaje para ayudar a promover ante el público el aspecto de cuidado del medioambiente implícito en reciclar automóviles. Para lograr una promoción cruzada del negocio, los clientes de Copart obtenían un diez por ciento de descuento en U-Pull-It por cualquier repuesto que adquirían.

Otro punto que cambié en el modelo de U-Pull-It Reino Unido fue que los clientes no solo tenían la opción de quitar las piezas de los automóviles, sino también el derecho de llevarse todas las partes de un auto entero, excepto la batería, el convertidor catalítico y el chasis. Los clientes podían programar un período de siete horas durante el que podían quitar tantas partes como les fuera posible. U-Pull-It preparaba el automóvil para que ellos retiraran las piezas y quitaba el motor y la caja de cambios por adelantado debido al peso y al tamaño de estos. Además, U-Pull-It retiraba la batería por razones de seguridad y de cuidado del medioambiente, aunque los clientes podían volver a comprarla por separado si lo deseaban.

Para las personas que estaban tratando de prolongar la vida útil de sus autos en el Reino Unido sin gastar mucho dinero, U-Pull-It era un sueño hecho realidad. El negocio se pudo de moda tan rápidamente como lo había hecho en los Estados Unidos unos años antes —y se convirtió en un éxito instantáneo.

Encuentre su alma gemela

Aun después de todos estos años, yo todavía llegaba al trabajo todos los días a las 5:00 a.m. con la misma pasión que sentía cuando era treinta años más joven. Solía volver a mi hogar por la noche, lleno de energía, pensando en la manera de hacer crecer el negocio. No veía en qué momento eso podría cambiar, si es que alguna vez sucedía. Joyce hacía bromas sobre que yo estaba casado con Copart, probablemente por el anillo hecho a la medida con el logotipo de Copart que yo usaba en el dedo anular, reemplazando al anillo real de bodas, que era demasiado pequeño.

"¿Por qué ya no usas el anillo que te entregué?" me preguntaba Joyce en más de una ocasión. Le gustaba burlarse de mí por eso. Pero no se sentía disgustada. A lo largo de los años, Copart había sido algo bueno para ambos. Ella también sabía que el negocio era algo con lo que yo crecía, razón por la que ella siempre me había apoyado.

Joyce había estado a mi lado en todo. Cuando yo regresaba tarde al hogar después de trabajar conversábamos sobre el negocio. Algunas veces eso no le interesaba, pero ella siempre era alguien con quien discutir mis ideas, porque, especialmente al comienzo, yo no tenía un compañero para los negocios.

En lugar de mirar televisión, nos quedábamos hablando en la cama hasta las 2:00 a.m. Yo le decía lo que iba a hacer y cómo iba a levantar la empresa, y ella escuchaba todo lo que yo decía y luego me daba su opinión.

Hace mucho tiempo aprendí que si uno le cuenta a Joyce los detalles —la historia completa— ella realmente comprende la marcha de los negocios y hace un comentario inteligente. Siempre la escuchaba. Siempre fue importante —como consejera y a la hora de poner en juego la intuición, especialmente antes de que apareciera Jay. E incluso después de que Jay entrara en escena, yo seguía hablando con Joyce sobre la empresa. Ella me apoyó mucho cuando fui a Taiwán en busca de lámina de metal, cuando abrí U–Pull–It y durante el crecimiento del negocio y la apertura de otras instalaciones. Cuando ella vio mi entusiasmo al cotizar Copart en bolsa, también se entusiasmó. Si las finanzas mostraban que era algo positivo, ella lo apoyaba. Pero había dos deshuesaderos que yo veía que le generaban un mal presentimiento. Me decía que si yo estaba en medio de una negociación y orábamos por eso y algo no se alineaba bien o no teníamos una buena sensación, yo debía alejarme. Y en el caso de estos dos predios, eso fue lo que hice. Un par de años después, estos predios se declararon en quiebra. Hubiera sido un mal negocio. Su intuición siempre era correcta. Realmente me ayudó a tomar buenas decisiones.

Joyce siempre me decía que le gustaba escuchar mis ideas y ver mi entusiasmo por el siguiente gran plan que yo tenía. No había nada que ella pensara que yo no pudiera hacer. Eso es algo realmente sorprendente —tener a su lado a alguien que piense así. Ella sabía cuánto quería yo a Copart y cuánto me gustaba que la empresa llegara a diferentes lugares y probar desafíos nuevos. Ninguno de nosotros realmente sabía si alguna vez yo iba a poder abandonar todo eso.

Nunca olvide sus prioridades

A pesar de lo mucho que quiero a Copart, mi primer amor siempre ha sido Joyce.

En 2008, mientras estaba de viaje en el Reino Unido con Jay y Vinnie, todavía buscando la próxima oportunidad para crecer, recibí una llamada de Joyce. Había ido al médico, y le habían detectado un bulto en el pecho. La biopsia había confirmado que era cáncer.

Inmediatamente le dije a Jay: "Joyce tiene cáncer en un pecho y esta misma noche me voy a casa. Tienes un año para que te hagas cargo de la empresa. Voy a dedicar mi tiempo a mi esposa. No voy a trabajar toda mi vida y perder lo mejor que tengo".

Jay no dudó al responder. "De acuerdo, papá. Ve a casa y cuídala".

Fue una más de mis típicas y rápidas decisiones, pero una en la que no dudé. Y lo decidí allí mismo. La mejor amiga que yo tenía en el mundo estaba en problemas. No iba a dejar que nada se interpusiera para poder estar con ella. Jay estaba capacitado para hacerse cargo. Era el momento.

El diagnóstico de Joyce sacudió algo en mí que no podía ignorar. Me di cuenta de que era el momento de dejar el trabajo a un lado y disfrutar el éxito que había logrado con las personas que más significaban para mí —mi familia.

Una vez que Joyce se enfermó de cáncer, yo sabía que aún si lo superaba, siempre estaría preocupada por la posibilidad de que regresara. Y cuando sientes eso, necesitas todo el apoyo que puedas tener. El cáncer nos cambió la vida a los dos. Si no hubiera tenido cáncer, yo todavía estaría en Copart. Hubiera estado allí hasta llegar a los ochenta años. Algunas veces, algo tiene que sacudirte. Nadie pensó que yo me retiraría. Yo mismo no pensé que me retiraría. Creía que iba a morir al timón, en mi escritorio, pensando en el siguiente lugar al cual llevar a Copart. Dios tenía otros planes.

Aunque nadie esperaba que yo me retirase, durante años me había estado preparando para eso, porque sabía que era lo más inteligente que podía hacer. Le había enseñado a Jay todo lo que yo podía transmitir. Incluso lo había estado llevando a un grupo para directores ejecutivos del que yo era parte. Se suponía que todos eran directores ejecutivos. Cuando llevé a Jay, preguntaron por qué éramos dos los que asistíamos por parte de Copart. Dije: "Bueno, este es mi presidente y un día, va a ser el director ejecutivo. Quiero que aprenda todo lo que no sabe. Quiero que la persona que me va a reemplazar esté conmigo".

El año siguiente, mientras Jay se preparaba para ser el director ejecutivo, Joyce y yo nos reunimos con los médicos, y Joyce se unió a un grupo de apoyo para mujeres con cáncer de pecho. Reba y Tammi también cooperaron con su madre y le brindaron su apoyo. El tratamiento a seguir lo decidió Joyce únicamente y nosotros lo respetamos.

Desde que fue operada, Joyce se ha librado del cáncer. Es una mujer fuerte. Orar da resultado. Todos nosotros oramos mucho.

Tenga un plan de sucesión

Después de la cirugía de Joyce, prolongué la fecha límite que, en un principio, le había dado a Jay. Para ese entonces, estábamos más tranquilos y decidimos que yo me tomaría más tiempo. Éramos una empresa que se cotizaba en bolsa. Teníamos acciones. Necesitábamos hacer esto bien.

También necesitábamos comenzar a promover a otras personas y realinear el liderazgo de la compañía para el momento en que yo ya no estuviera. Vinnie había sido promovido a vicepresidente ejecutivo después de que Jimmy Meeks se retirara. En vista de las importantes contribuciones que Vinnie hizo a la compañía —entre ellas, el despegue de la sección que funcionaba en el Reino Unido— Jay decidió que Vinnie sería el presidente perfecto para reemplazarlo mientras Jay pasaba a ocupar el cargo de director ejecutivo. Russ se convertiría en el director de operaciones y Rob Vannuccini, que también había venido con NER, pasó a ser el director de ventas. Paul, Tom y Will permanecieron en sus puestos de liderazgo para asegurar la estabilidad durante la transición.

Además, casi al mismo tiempo, Copart comenzó a crecer más allá del negocio de recuperación de vehículos. La empresa tenía una gran participación en el negocio de los seguros y Jay quería encontrar caminos nuevos para que el inventario de automóviles de Copart, que ya era enorme, creciera un poco más. También deseaba que creciera la base de compradores. Aún con compradores en más de un centenar de países gracias a VB2, queríamos llegar a una audiencia más grande, como a los vendedores particulares o las personas que trabajan como mecánico en su propia casa.

Nacieron dos nuevas secciones de la compañía —Copart Direct y Copart Dealer Services. Copart Direct ayudó al público a vender automóviles a través de VB2 sin las complicaciones de venderlos por sí mismos. Dejaban los automóviles en el centro Copart más cercano y obtenían ofertas de todo el mundo en la siguiente subasta.

Los Servicios Copart para concesionarios llegaban a los concesionarios y subastaban los vehículos usados, tomados como parte del pago y que no querían, a través de VB2. De repente, el inventario de vehículos no dañados que tenía Copart comenzó a crecer.

Copart también creó un sistema de intermediarios en el que cualquiera —incluso las personas sin una licencia— podía comprar vehículos en línea por medio de un intermediario registrado o un comprador de Copart con licencia. El intermediario cobraba una tarifa por el servicio. Este método se popularizó entre las personas que trabajaban como mecánicos en su propia casa, a quienes les agradaba reparar motocicletas u *hot rods*, y luego revenderlos. En Copart tenían acceso a un gran inventario de donde elegir que no era posible en condiciones normales.

Además, los intermediarios registrados se popularizaron en otros países, en los que algunos compradores con licencia hasta abrían pequeños locales en los que el público podía ir y buscar en el inventario de Copart usando los quioscos y luego podían hacer sus pedidos. Estos intermediarios —llamados creadores del mercado— también organizaban el transporte.

Copart empezó a ser reconocida por las personas que no formaban parte del sector de seguros y desmantelamiento de vehículos. Incluso, durante un corto tiempo, la compañía patrocinó las carreras NASCAR y NHRA, para fortalecer el reconocimiento de la marca entre los fanáticos del automovilismo.

Cuando se vaya, ¡váyase del todo!

Con todas estas oportunidades apasionantes que se desarrollaban para Copart, caí en la cuenta de algo más. Si realmente iba a retirarme de Copart, tendría que alejarme. El aliciente del negocio era demasiado grande —y era tiempo de que mi equipo se desenvolviera sin mí.

Los miembros del equipo tenían veinte o treinta años cuando los contraté; todos ellos eran jóvenes y siempre entendieron que podían acudir a mí en busca de ayuda o consejo. Mi puerta siempre estaba abierta. Solían dirigirse a Jay también, pero aun así acudían mucho a mí. Nunca pasé por encima de Jay; yo solo les ofrecía lo que sabía, y ellos podían tomar sus propias decisiones. Pero yo sabía que si Jay realmente iba a dirigir la empresa y yo todavía estaba en la oficina, Jay no tendría el cien por ciento del control y eso no era justo. Jay estaba listo para ser director ejecutivo. Era necesario que fuese la última persona con la que había que hablar. Además, yo sabía que si yo estaba cerca, yo seguiría yendo a la oficina. No podía evitarlo. Era una atracción magnética. Si estaría almorzando con mis amigos cerca de la oficina, me detendría siempre que pudiera.

También para Jay sería difícil tener el control total sabiendo que yo estaba allí. Pero él ya no necesitaba mi opinión. Yo sabía que tenía gente excelente dirigiendo la empresa. Sabía que ellos todavía preguntarían: "¿Qué haría Willis?"

Me había enamorado de Tennessee después de construir las instalaciones de Copart allí. Me encantaban su belleza y su paz —y la cordialidad de su gente. Comencé a armar un plan. Joyce y yo habíamos estado planeando un viaje con sus hermanos y hermanas, y sus parejas. Una de las paradas era Tennessee. Pasé un par de días en Tennessee, no solo para disfrutar nuestros parientes cercanos y lejanos, sino también para mostrar a Joyce lo que me encantaba del estado. Luego empecé a buscar ranchos en Internet y encontré uno que me gustó en particular. Estaba reuniendo evidencia para convencer a Joyce de dejar California.

Persuadirla resultó una tarea fácil. A Joyce también le había gustado Tennessee y como siempre, respaldó mi decisión. Mi madre, que tenía noventa y un años y que había vivido con nosotros en un ala de nuestra casa en California durante nueve años, en un principio había planeado mudarse con nosotros a Tennessee. Pero en el último minuto, sus más de noventa nietos —la mayoría de los cuales estaban en California— la convencieron de quedarse. Ahora vive en Roseville, cerca de mis hermanas y de mi hermano.

Joyce y yo nos mudamos a Tennessee en 2009; compramos un rancho de 135 acres que pertenecía al cantante de música country Alan Jackson. Aunque había jurado no volver a tener vacas nunca más después de haber pasado mi infancia cuidándolas y ordeñándolas, ahora tengo un rancho de Black Angus y burritos miniatura.

Joyce y yo salimos con nuestro vino, y acariciamos las vacas y las alimentamos cuando así lo deseamos —pero solo cuando así lo deseamos.

Ya no tengo la responsabilidad de levantarme a las 5:00 y cuidarlas. Así es mucho más agradable.

Tennessee se ha convertido realmente en nuestro hogar, aunque todavía tenemos nuestra casa y nuestro viñedo en California. Tratamos de regresar durante aproximadamente dos meses al año para visitar a la familia. Pero hasta mi colección de automóviles antiguos se encuentra ahora en Tennessee.

Hemos encontrado una iglesia, hecho muchos amigos y estamos muy involucrados en la política. Cuando la gente en Tennessee escucha hablar sobre lo que he logrado con Copart, a menudo me piden consejos sobre negocios. También se me presentan, digamos, dos o tres oportunidades de negocio por semana con gente que quiere que haga inversiones o que los ayude con una idea de negocios. Siempre me entusiasmo cuando escucho eso porque pienso a dónde podría llegar su sueño. Es realmente fácil cuando llevas los negocios en la sangre y en la mente y cuando siempre te has sentido impulsado a hacer dinero.

Pero cuando llego a casa y lo pienso, *no quiero ser el dueño de otro negocio ni involucrarme en negocios*. Ya lo he hecho. Lo único que quiero hacer es ser el presidente de la junta directiva de Copart y ayudar a Jay tanto como pueda cuando Copart lo necesite. Estoy realmente retirado. Ya no quiero trabajar más y no necesito ni deseo hacer más dinero. Solo quiero disfrutar la vida que tengo. Es una buena vida. Las cosas resultaron realmente bien.

Hasta me he quitado el anillo de Copar —aunque eso fue en gran parte porque la humedad de Tennessee hace que usarlo sea incómodo.

Procure tener pocas cosas de que arrepentirse

Solo me arrepiento de una cosa —ahora paso más tiempo con mis nietos de lo que podía pasar con mis hijos mientras ellos estaban creciendo. Estaba demasiado ocupado haciendo crecer mi negocio como para disfrutarlos tanto como me hubiera gustado.

Copart también sigue creciendo y ahora está presente en Brasil, Alemania y España. Continué siendo el presidente de la junta de Copart y todavía hablo por teléfono con Jay todas las semanas. Pero estar en

Tennessee me ha ayudado a dejar ir la mayor parte de eso. Sin embargo, cuando Joyce y yo viajamos, aún nos detenemos en los predios cercanos de Copart para saludar. También algunas veces hacemos presencia en conferencias ocasionales de Copart o en las reuniones de los directivos, donde aún me esfuerzo por estrechar la mano de todas las personas. Es lo menos que puedo hacer, dado que ellos están manteniendo vivo mi sueño.

Copart no me preocupa. La he dejado en buenas manos. Jay y yo somos parecidos en muchas cosas. A ambos se nos considera visionarios y soñadores y Jay lo demostró cuando se le ocurrió la idea de VB2. También nos importa lo fundamental y nos importan los empleados. Pero Jay es el líder que Copart necesita ahora. Tiene una comprensión real de la tecnología y del lugar al que esta puede llevar a la compañía; lo mismo ocurre con Vinnie.

No podría haber elegido a alguien mejor que Jay para llevar las riendas de la empresa que construí. Por el modo en que está posicionada ahora, la empresa está lista para crecer, no para permanecer inmóvil. Pero uno también tiene que tener cuidado con la manera de crecer.

Algo que he enseñado a todos los ejecutivos de la empresa es que, aunque uno pueda ser bueno en nuestro negocio, eso no significa que sea bueno en cualquier otro. No hay que ser engreído y pensar que lo sabemos todo, porque ese es el momento en que perderemos. Realmente somos buenos en el negocio de los automóviles. Somos realmente buenos en el negocio del reciclado. No tenemos por qué ser buenos en todo lo demás, y es necesario que lo entendamos. Quedémonos con lo que sabemos hacer, hay que aventurarnos si vemos una oportunidad, pero seamos humildes si cometemos un error.

Admiro a Jay porque no teme admitir sus equivocaciones y aprender de ellas. Si Jay intenta algo, y eso no funciona, lo deja. Es muy abierto con sus errores. Recuerdo que un par de veces me dijo: "Hombre, eso fue una tontería". Pero lo mejor de centrarse en los cambios, es que uno siempre puede dar marcha atrás.

Me complace que Jay aún desee hacer cambios, al igual que lo hice yo. Aceptar las oportunidades y cambiar las cosas hizo que Copart sea lo que es hoy. Ese es el espíritu de la compañía y ese espíritu nunca se modificará.

Uno de los cambios más grandes que Jay promovió después de convertirse en director ejecutivo fue mudar la casa central de Copart a Dallas en 2011 y 2012. Fue otro ejemplo de cómo tomar una circunstancia adversa y cambiarla por algo mejor. La economía se desplomó y eso afectó mucho a California. Tenemos un gobierno que no entiende cómo funcionan los negocios y de un año para otro no sabemos cuál es nuestra carga fiscal. Copart no era la única empresa que consideraba la posibilidad de retraer la expansión, retardar el crecimiento y resguardarse para asegurarse de que la empresa funcionara de la forma más eficaz posible.

Parte de esa eficacia era centralizar la sede de Copart en el medio del país, donde pudiera responder a los clientes con más rapidez. La mudanza también permitía que Copart se deshiciera de los aviones de la corporación, dado el que tiempo de viaje se reducía porque ya no había que cruzar los Estados Unidos tan a menudo. Volar a Europa también era más cerca. Además, la economía de Texas era más amigable para los negocios.

California siempre será nuestro hogar en muchos sentidos. Comenzamos allí, crecimos allí y todavía tenemos instalaciones fabulosas allí. Pero tenía más sentido para nosotros estar en Texas mientras seguíamos creciendo.

El hecho de que una empresa de medicina se acercara a Jay, de manera espontánea, para comprar la sede de Copart en Fairfield, alentó la decisión de Jay. Era una señal. Le dije a Jay que parecía que Dios estaba tratando de decirle algo: que esa era la decisión correcta.

Entregue su vida a Dios

Mi fe en Dios es uno de los motivos de mi éxito. Siempre he puesto mi vida y mis negocios en las manos de Dios, y Dios me ha bendecido, a mí y a mi familia. Como resultado, siempre he dado el diezmo a varias organizaciones religiosas y soy un fiel seguidor de *Promise Keepers*, un ministerio evangélico cristiano dedicado a unir a los hombres para que sean influencias piadosas en el mundo. Principalmente doy dinero a las organizaciones cuyas raíces están en Dios, porque creo que la gente que gana en la tierra aún puede perder su alma —que significa que lo han perdido todo. Quiero brindarles a otros la oportunidad de conocer el gozo y las recompensas de encargar sus vidas a Dios.

El legado que creo que dejo es que siempre he dedicado todo lo que he hecho en los negocios a la supremacía del Señor, confiando en Él para que guíe nuestra compañía en la dirección correcta y para que me ayude a tomar las decisiones correctas. La mayoría de las personas dentro de la compañía sabe que el Señor ocupa el primer lugar para nosotros y la compañía, el segundo —y que Él siempre nos ha bendecido, incluso en los tiempos difíciles. El Señor atrae hacia usted a las personas correctas, y ellas influyen en usted. Y también usted tiene el poder de influir en otros. Uno nunca sabe en qué momento se encontrará con la persona correcta.

Yo fui a la escuela secundaria. No asistí a la universidad. ¿Cómo es que usted toma a un tipo que fue a la escuela secundaria, le da un depósito de chatarra y él lo convierte en una empresa que vale miles de millones de dólares? Es inaudito. Y decir que hice todo eso yo solo —bueno, no creo ser tan inteligente. Las cosas simplemente sucedieron y el Señor me dio el sentido común como para ver el futuro de nuestro negocio y tener una visión anticipada del mejor lugar en el cual invertir. Me dieron el apodo de "Suertudo", pero no es solo suerte. Hay alguien que lo está guiando. Y en cuanto a mí, creo que Dios siempre ha bendecido a esta compañía y a la familia.

ACERCA DE LA AUTORA

Anteriormente había trabajado como periodista y editora en un diario; en 2005 me uní a Copart como primera gerente de comunicaciones de la empresa. Trabajé en Copart durante cinco años, con Willis, Jay y Vinnie, y estoy orgullosa de ser parte de algunos de los eventos que se mencionan en este libro, incluida la gira mundial, la puesta en marcha de los Servicios Copart para Concesionarios y Copart Direct, y el lanzamiento en el Reino Unido. Además, en 2006 escribí un informe anual, que fue premiado, dedicado a los empleados de Copart por los valerosos esfuerzos realizados en la limpieza de decenas de miles de automóviles tras el huracán Katrina. Fue uno de los innumerables ejemplos de cómo los empleados de Copart se superan por la compañía que aman.

Dejé Copart cuando la empresa trasladó la casa central a Dallas, pero siempre llevaré a Copart en la sangre. Del mismo modo que Willis siente que Dios intervino en el éxito de Copart, yo siento que un poder superior me guió hacia Copart. Estaré eternamente agradecida por eso.

Cuando Willis me llamó y me pidió que escribiera su historia, fue el honor más grande de mi vida. Pero al mismo tiempo estaba aterrorizada. Nunca antes había escrito un libro. Willis me dijo: "Bueno, yo nunca había cotizado una empresa en bolsa antes que lo hiciera con Copart y todo resultó bien. Supongo que, simplemente, aprenderemos cómo hacer esto juntos".

Willis creyó en mí, al igual que ha creído en la gente que, antes de mí y gracias a él, pudo lograr más de lo que pensaba. Mi mayor y única preocupación durante todo este proyecto fue que, de algún modo, pudiera defraudarlo. Deseaba ser capaz de plasmar su visión en este libro. Y, aunque también deseaba hacerle justicia a su legado, ahora me doy cuenta de que eso, probablemente, sea imposible. La humildad de Willis hace difícil mostrar cuán brillantes y sorprendentes son sus logros —y en cuánta gente ha influido de manera positiva a lo largo del camino.

Me gustaría agradecer a Willis por poner su historia en mis manos y por revelarme partes de su vida que yo no conocía. De él aprendí algunas lecciones extraordinarias, y espero que las personas que lean este libro también se lleven consigo algo de su sabiduría y la usen en sus propias vidas.

También deseo agradecer a quien es mi esposo y mi mejor amigo, Jeff Protteau, ya que su amor y su apoyo a medida que yo trabajaba en el libro durante los fines de semana y por las noches, además de hacer mi "trabajo normal", me mantuvieron motivada y concentrada en la tarea. A menudo Willis menciona hasta qué punto el apoyo del cónyuge es una de las claves del éxito y yo no podría estar más de acuerdo.

—Marla J. Pugh